Voici revenu ?...

Cent chansons sans chanteur

Du même auteur*

Certaines œuvres sont connues sous différents titres.

Romans

La Faute à Souchon : (Le roman du show-biz et de la sagesse)
Quand les familles sans toit sont entrées dans les maisons fermées
Liberté j'ignorais tant de Toi (Libertés d'avant l'an 2000)
Viré, viré, viré, même viré du Rmi !
Ils ne sont pas intervenus (Peut-être un roman autobiographique)

Théâtre

Neuf femmes et la star
Les secrets de maître Pierre, notaire de campagne
Ça magouille aux assurances
Chanteur, écrivain : même cirque
Deux sœurs et un contrôle fiscal
Amour, sud et chansons
Pourquoi est-il venu ?
Aventures d'écrivains régionaux
Avant les élections présidentielles
Scènes de campagne, scènes du Quercy
Blaise Pascal serait webmaster
Trois femmes et un Amour
J'avais 25 ans
« Révélations » sur « les apparitions d'Astaffort » Jacques Brel / Francis Cabrel

Théâtre pour troupes d'enfants

La fille aux 200 doudous
Les filles en profitent
Révélations sur la disparition du père Noël
Le lion l'autruche et le renard
Mertilou prépare l'été
Nous n'irons plus au restaurant

* extrait du catalogue, voir www.ternoise.net

Stéphane Ternoise

Cent chansons sans chanteur

Jean-Luc PETIT Editeur / livrepapier.com

Stéphane Ternoise
versant
chansons :

http://www.chansons.org

Tout simplement et logiquement !

Stéphane Ternoise

Cent chansons sans chanteur

Être chanté est une légitime ambition quand on ne chante pas, tout en écrivant des textes destinés à la chanson...
Des textes sans musique. Chanteur-compositeur bienvenu.
Chanteuse-compositrice bienvenue.
Naturellement, "*Un auteur chanté n'est pas forcément entendu ni payé.*" Mais il reste 75 ans après le dernier souffle pour le bilan financier.

Aujourd'hui, il s'agit simplement de rencontrer les voix des cents textes présentés.
Certains ont suscité de nombreuses envies, des maquettes...
Mais le passage de "chanson sans musique" à "chanson" chez notre vénérée sacem nécessite une réelle utilisation publique...
Donc l'état de maquette délaissée ne bloque pas un texte...

Certains furent revus...
Oui un texte évolue tant qu'il n'a pas trouvé "son sexe" (sa musique et sa voix) parfois même ensuite...
Tant que l'auteur est en vie...

Stéphane Ternoise
Parfois parolier - http://www.parolier.org
Auteur de chansons - http://www.auteurdechansons.net

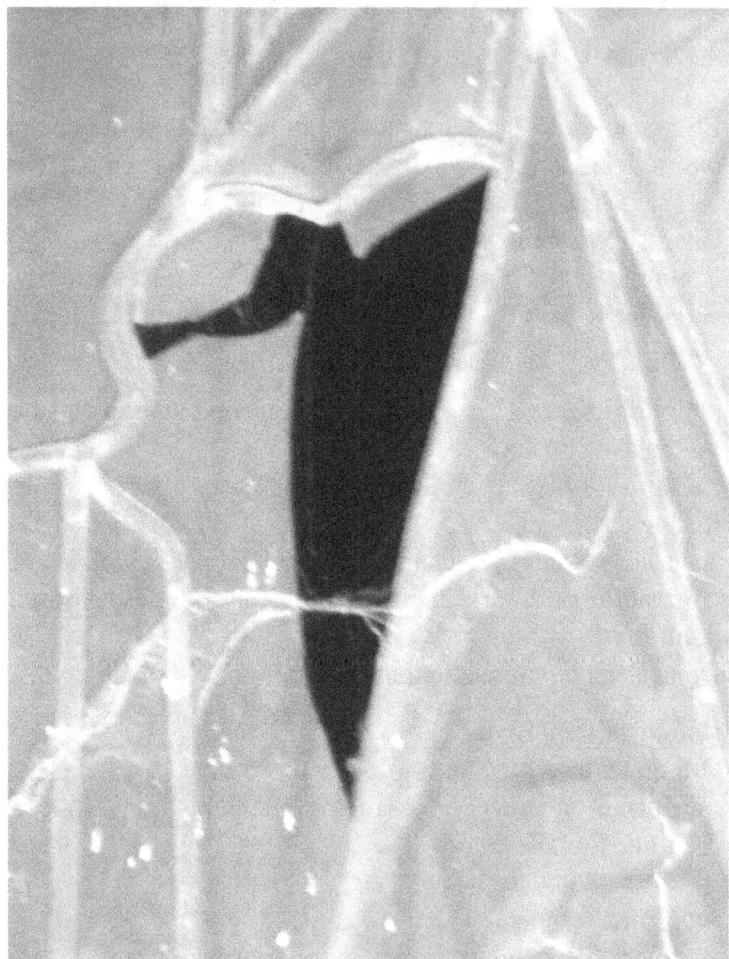

Qu'une fois

On parle de l'Amour
Qui ne serait plus
Qu'une vulgaire chasse à courre
Un jeu pratiqué nu
On joue à l'amour

On dit grand amour
Quand on a trop bu
Ou qu'on reste plus d'huit jours
En étant convaincu
Que c'est pour toujours

Mais les rues sont pleines
De gens qui comme moi
N'ont dit qu'une fois
"Tu sais, je t'aime"

Qu'une fois ou j'ai oublié...
Qu'une fois
Je te jure... aussi intensément
Aussi spontanément

On paye pour l'amour
Comme on paye partout
Faut attendre son tour
Y'a d'quoi être jaloux
Des plus grands vautours

C'est qu'un mot "Amour "
Qui a survécu
Parfois de bon secours
Quand on est à l'affût
Pour gagner l'concours

Mais les rues sont pleines
De gens qui comme moi
N'ont dit qu'une fois

"Tu sais, je t'aime"

Qu'une fois ou j'ai oublié…
Qu'une fois
Je te jure… aussi intensément
Aussi spontanément

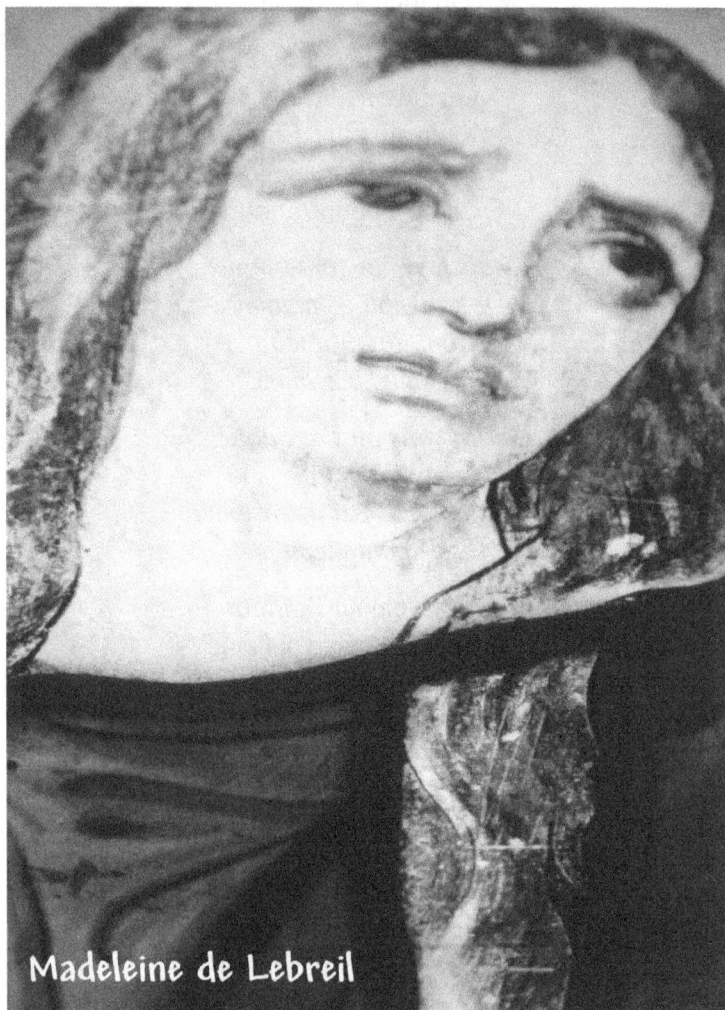

Madeleine de Lebreil

L'Idée d'une femme idéale

Tu te dis
Qu'elle a trop de défauts
Qu'elle n'est pas assez ceci
Qu'elle est trop cela
La femme serrée dans tes bras

L'idée d'une femme idéale
À l'homme cause bien du mal
Fait souvent passer à côté
De dizaines d'années

Quand parfois
Tu fais chambre commune
Qu'elle tire des plans sur la lune
Tu fais rêve à part
T'es déjà sur le départ

Et t'es fier
De dire j'suis pas un vieux
Je peux trouver nett'ment mieux
Et tu ne vois pas
Qu'elle fait tout c'qu'une femme peut faire

L'idée d'une femme idéale
À l'homme cause bien du mal
Fait souvent passer à côté
De dizaines d'années

Quand l'idée
Tourne et cogne dans ta tête
Le besoin d'une femme parfaite
Tu n'sais plus aimer
Te condamnes à tout briser

Tu te dis
Qu'elle a trop de défauts
Tu cliques Meetic Mi-bistrots

Et tu ne vois pas
Qu'elle fait tout c'qu'une femme peut faire

L'idée d'une femme idéale
À l'homme cause bien du mal
Fait souvent passer à côté
De dizaines d'années

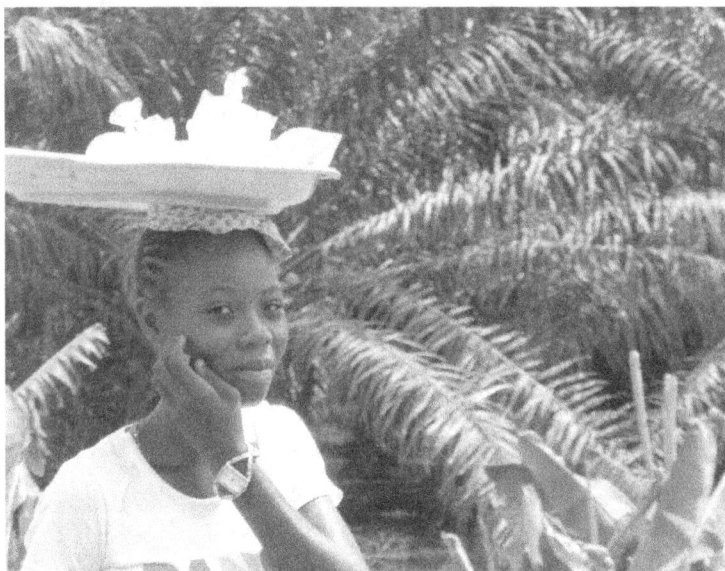

Pour le superflu

Vois-tu le temps comme notre bien le plus précieux ?
On se le laisse voler, on le donne pour bien peu
Devant l'écran on s'assied parfois
Avant de retourner gagner le fric qu'on doit

On s'épuise pour le superflu
Et trop tard on se rend compte
Ne pas avoir vraiment vécu
Dans un sourire vaincu chacun cache sa honte
D'avoir tant perdu de temps pour du superflu

Oh que faut-il vraiment, pour se sentir vivant ?
Je n'irai pas jusqu'à, prôner le dénuement
« Juste un toit pour ne pas avoir froid
Du pain de l'eau et l'amour suffisent à ma joie »

On s'épuise pour le superflu
Et trop tard on se rend compte
Ne pas avoir vraiment vécu
Dans un sourire vaincu chacun cache sa honte
D'avoir tant perdu de temps pour du superflu

Mérite-t-il ma sueur, le petit supplément ?
Quand j'aurai plus d'argent, j'le dépenserai comment ?
Dans un engrenage j'ai mis le doigt
Est-ce que mon bras suivra, et ma tête tombera ?

On s'épuise pour le superflu
Et trop tard on se rend compte
Ne pas avoir vraiment vécu
Dans un sourire vaincu chacun cache sa honte
D'avoir tant perdu de temps pour du superflu

13

Fruits et légumes aux pesticides

Officiellement c'est pour mon bien
Alors bon moi je veux bien
Manger mes cinq fruits et légumes quotidiens
Mais cinq fruits et légumes quotidiens
Ça fait dans les combien
D'affreux pesticides ?

Soyez honnêtes et plus lucides
Aucune étude ne valide
Votre théorie des pesticides homicides
Allons ne soyez pas stupides
Veuillez dire grand merci
À nos industries

Les pesticides
Sont peut-être bons pour les androïdes
Pour les humains c'est pas certain
Tant pis pour les ruisseaux les nappes phréatiques
Déverser des seaux de pesticides c'est bien plus
économique
Peste peste peste Pesticides
Peste peste peste Pesticides

Qui veut prouver qu'les pesticides
Sont aussi des homicides
Devra trouver un échantillon témoin
Sans trace de pesticides dans le sang
À part chez les martiens
Sont omniprésents

Il faut bien nourrir la nation
Fournir des fraises hors-saison
Ne chipotons pas pour un peu de poison
Trois milliards d'humains supplémentaires
Et des carburants verts
Faudra bien s'y faire

Les pesticides
Sont peut-être bons pour les androïdes
Pour les humains c'est pas certain
Tant pis pour les ruisseaux les nappes phréatiques
Déverser des seaux de pesticides c'est bien plus
économique
Peste peste peste Pesticides
Peste peste peste Pesticide

Prendre de l'eau dans une main pour la boire,
geste ancestral, désormais dangereux

J'avais aimé la version rap. Mais la rappeuse a disparu.
Elle m'avait noté travailler sur d'autres textes. Puis plus
de message, même pas une réponse... C'était y'a déjà des
années... Qui s'appropriera vraiment ce texte ?

La poche sans portable

C'est vrai tu as raison
S'il n'est pas allumé dans ta poche
Tu l'sens pas vibrer ton portable
C'est vrai qu't'as raison
Ce serait vraiment trop moche
De rater l'appel du... marchand d'sable

Ma fille,
Entre nous, on peut aborder ton anatomie
À côté de tes poches
Y'a tes ovaires
Et j'suis pas sûr qu'ils apprécient
Le concert des ondes
J'aimerais pas qu'elles te privent
De la joie de m'appeler grand-père

Bien sûr j'suis un peu vieux
Sont pas cools mes principes de précaution
Le portable c'est formidable
Tu l'ranges où tu peux
Y'a des réglementations
Les opérateurs sont... adorables

Ma fille,
Entre nous, on peut aborder ton anatomie
À côté de tes poches
Y'a tes ovaires
Et j'suis pas sûr qu'ils apprécient
Le concert des ondes
J'aimerais pas qu'elles te privent
De la joie de m'appeler grand-père

Les ovaires de nos filles

Lanceront les prochaines générations
Ce serait impardonnable
Qu'on les leur grille
Ai-je confiance aux commissions ?
Et leurs normes de taux... tolérables

Ma fille,
Entre nous, on peut aborder ton anatomie
À côté de tes poches
Y'a tes ovaires
Et j'suis pas sûr qu'ils apprécient
Le concert des ondes
J'aimerais pas qu'elles te privent
De la joie de m'appeler grand-père

L'art du vol
(chez le pigeon)

On partage tout...

On signe rien, on s'offre des roses
On partage tout et pas grand-chose
Ça dure le temps qu'on s'amuse
Que ça use, que l'un ruse

Eh oui, nous vivons plusieurs vies
Une belle histoire, une grande déprime
Et un jour elle revient l'envie
De chercher à l'amour... des rimes

Notre exigence d'un peu de magie
Ne plaît pas à tout le monde
On sent poindre des nostalgies
Se répandre de mauvaises ondes

C'était l'bon temps, quand les parents
Ou plutôt le chef de famille
Avec un autre chef de sa ville
Figeait le destin des enfants

Mais nous, nous vivons plusieurs vies
Une belle histoire, une grande déprime
Et un jour elle revient l'envie
De chercher à l'amour... des rimes

On signe rien, on s'offre des roses
On partage tout et pas grand-chose
Ça dure le temps qu'on s'amuse
Que ça use, que l'un ruse

Alors plutôt pas insister
Quand Cupidon a déserté
Ça dure le temps qu'on s'amuse
Que ça use, que l'un ruse

Eh oui, nous vivons plusieurs vies
Une belle histoire, une grande déprime
Et un jour elle revient l'envie
De chercher à l'amour... des rimes

18

Les croire ou les sauver

Elle disait « *tu sais, c'est juste pour oublier*
J'arrête quand je l'aurais décidé
Mais pas cette année
Avec mes vieux à supporter »

Peut-on croire les promesses
Des filles dans un piège emmurées
Petites fleurs en tristesse...
Faut-il les croire ou les sauver

D'abord elle a fumé une fois en passant
Puis chaque jour et toujours plus souvent
Jusqu'au naufrage
Ne plus redescendre des mirages

Quand presque chaque soir on se téléphonait
Elle répétait « *faut pas t'inquiéter*
J'arrête quand je veux
Et mon bac tu sais je l'aurai »

Peut-on croire les promesses
Des filles dans un piège emmurées
Petites fleurs en tristesse...
Faut-il les croire ou les sauver

Elle passa au chimique lors d'un technival
Ça donne des envies plein les entrailles
Le lendemain ses vieux
Se sont juste moqué de ses yeux

Se réjouissent de leur belle indépendante
Une grande fille ça fait ce que ça veut
Ça vit comme ça peut
On voit bien que parfois elle s'absente

19

Peut-on croire les promesses
Des filles dans un piège emmurées
Petites fleurs en tristesse...
Faut-il les croire ou les sauver

Ses parents l'ont retrouvée inanimée
Un soir après leur film préféré
Médecin de nuit
Etonnement et compagnie

Elle était encore allée un peu plus loin
Elle en est revenue "un peu moins"
J'en ai le cafard
Quand je plonge dans son regard

Peut-on croire les promesses
Des filles dans un piège emmurées
Petites fleurs en tristesse...
Faut-il les croire ou les sauver

T'étais tout

T'étais tout j'étais jaloux
Cafards à tes retards

J'étais jaloux comme un fou
Surveillant tes regards

T'étais tout et t'es plus rien
Comme une flamme qui s'éteint
T'étais tout et t'es plus rien

Je voulais sentir tes mains
Jamais loin de mes reins

Ça s'arrête un beau matin
Pourquoi on sait pas bien

T'étais tout et t'es plus rien
Comme une flamme qui s'éteint
T'étais tout et t'es plus rien

Ils se brisent tous les liens
Plus envie de câlins

Plus envie de ce chemin
Sans les saveurs soudain

T'étais tout et t'es plus rien
Comme une flamme qui s'éteint
T'étais tout et t'es plus rien

T'es déjà plus qu'un souvenir
T'étais tout l'avenir

Si tu veux sans cri finir
Adieu on va se dire

T'étais tout et t'es plus rien
Comme une flamme qui s'éteint...
T'étais tout et t'es plus rien

Si tu ne le fais pas maintenant

T'es agrégé nouvelles technologies
Mais t'excelles en tours de magie
Ce qui te plait c'est chanter
Tu voudrais produire ton premier cd
On te dit
Y'en a pas un sur six cents qui réussit
On te dit
C'est pas une vie

Si tu ne le fais pas
Maintenant
J'vois pas comment
Tu te le pardonneras
Quand t'auras
Soixante...
Soixante-dix ans

Alors que te piquent les yeux dans cette ville
Tu rêves d'une vie
Dans les îles
Tu passes les jours sur un chantier
Mais voudrais enfin pouvoir étudier
On te dit
T'as pas les compétences pas le facteur chance
On te dit
Tu nous ennuies

Si tu ne le fais pas
Maintenant
J'vois pas comment
Tu te le pardonneras
Quand t'auras
Soixante...
Soixante-dix ans

Chaque matin ton miroir affiche fausse route
La vie du train-train te dégoûte
Mais t'es sûr qu'à l'étranger
Tout pourrait s'arranger s'envisager
On te dit
Tout le monde s'en fout de tes rêves de fou fou
On te dit
Tu nous ennuies

Si tu ne le fais pas
Maintenant
J'vois pas comment
Tu te le pardonneras
Quand t'auras
Soixante...
Soixante-dix ans

(...)

Si je ne le fais pas
Maintenant
J'vois pas comment
Au Prozac j'échapperai
Quand j'aurai
Soixante
Soixante-dix ans

Il sera trop tard

Quand la mousson réduira en mousses nos moissons
Quand notre peau ne pourra plus supporter les jours d'été
Un voile masquera les étoiles
Et même les grands bateaux s'englueront dans l'eau

Trop tard
Il sera trop tard
Les enfants ne pourront croire
Qu'un jour la terre
Fut comme dans les documentaires
Qu'un jour sur terre
Respirèrent
Rousseau et Voltaire

Quand des bunkers vendront des heures de silence
Quand une bouteille d'eau coûtera plus cher qu'un plein
d'essence
Les moustiques tueront d'une seule pique
La musique sortira des usines à fric

Trop tard
Il sera trop tard
Les enfants ne pourront croire
Qu'un jour la terre
Fut comme dans les documentaires
Qu'un jour sur terre
Respirèrent Rousseau et Voltaire

Quand les termites ras'ront plus vite qu'la dynamite
Quand en face du fanatisme y'aura plus que le bêtisme
Quand les glaciers auront fondu
Notre Marcel Proust ne sera même plus lu

Trop tard Il sera trop tard
Les enfants ne pourront croire
Qu'un jour la terre Fut comme dans les documentaires
Qu'un jour sur terre Respirèrent Rousseau et Voltaire

La femme aux neuf mille fringues

Elle a colonisé même mon bureau
De la cave au grenier y'a des porte-manteaux
La femme aux neuf mille fringues se moque un peu
Des jeans, j'en ai que deux

Des fringues toujours des fringues
Pourtant j'en suis dingue de cette femme trilingue
Mais côté fringues
Mon seul plaisir
C'est d'la dévêtir

À chaque tsunami, tremblement de terre
Elle envoie quelques valises de vieilles affaires
Tout ce qui a été porté trois fois
Elle dit « c'est plus pour moi »

Des fringues toujours des fringues
Pourtant j'en suis dingue de cette femme trilingue
Mais côté fringues
Mon seul plaisir
C'est d'la dévêtir

Je n'la vois qu'le soir, les semaines de soldes
Elle déballe ses trouvailles, j'ausculte sa carte Gold
Depuis la déferlante des ventes privées
Au web elle est scotchée

Des fringues toujours des fringues
Pourtant j'en suis dingue de cette femme trilingue
Mais côté fringues
Mon seul plaisir
C'est d'la dévêtir

25

Smile

T'embarque pas trop tôt
Avec un mec comme moi
Ne t'enflamme pas trop haut
Après quelques émois

N'assimile pas smile
À une parole d'évangile
N'assimile pas smile
À la possibilité d'une île

Pour l'Amour faut être sûr
J'ai trop de blessures
C'est pas encore le jour
Où je peux dire toujours

N'assimile pas smile
À une parole d'évangile
N'assimile pas smile
À la possibilité d'une île

Si au fond de ton cœur
Brûle la bougie d'une heure
Tu peux reprendre ta route
Me laisser avec mes gouttes

N'assimile pas smile
À une parole d'évangile
N'assimile pas smile
À la possibilité d'une île

Je ne peux pas t'en parler
Ni te le dissimuler
Je peux simplement sourire
Sans promettre d'avenir

N'assimile pas smile
À une parole d'évangile
N'assimile pas smile
À la possibilité d'une île

Vive la pollution !

C'est super bon pour l'économie, la pollution
Après y'a des maladies
Et nous les soignons
Après y'a des agonies
Et nous les enterrons
N'ayez aucun souci
De tout nous nous occupons

C'est super bon pour l'économie, la pollution
Y'a des manifestations
Ça brûle et ça casse
Quelques belles déclarations
Faut qu'les gens s'y fassent
Nous nettoyons réparons
Et ainsi tout recommence

Naturellement nous avons vocation
À servir toutes les nations
Naturellement nous offrons de belles commissions
Aux braves élus favorables à nos ambitions

C'est super bon pour l'économie, la pollution
Après faut dépolluer
Ça fait du travail
Pour qui sait dépolluer
Travaux pour nos filiales
À nous les subventions
Au nom d'la dépollution

Nous avons su nous rendre indispensables
Santé eau air énergie
Sont nos compétences les plus présentables rentables
Telles les fourmis nous prospérons sans faire de bruit

C'est super bon pour l'économie, la pollution
Après y'a des maladies
Et nous les soignons
Après y'a des agonies
Et nous les enterrons
N'ayez aucun souci
De tout nous nous occupons

Nous avons su nous rendre indispensables
Santé eau air énergie
Sont nos compétences les plus présentables rentables
Telles les fourmis nous prospérons sans faire de bruit

Golfech, vue de Montagudet

Sa Mélancolie

Dans sa mélancolie
Je lisais un secret
C'est bien sûr indiscret
De fouiner le passé

Mais sa mélancolie
Ne lui est pas passée
Poussé à se confier
Un soir s'est justifié

Il rêve du rivage
Où il l'a rencontrée
Il rêve son visage
Le dessine d'un trait

Dans sa mélancolie
Je lisais un secret
Poussé à se confier
Un soir s'est justifié

Enlacés cœur à cœur
Ils riaient des heures
Refaisaient l'univers
Deux étés plus d'hivers

Un jour elle l'a viré
Elle lui a préféré
Un barbu même pas beau
Qui se prend pour Rimbaud

Dans sa mélancolie
Je lisais un secret
Il dit *ça va passer*
Dit *ne sois pas blessée*

Comme si encore un jour
Je pouvais accepter
De toujours moins compter
Que ce très grand Amour...

29

Grand Jacques

Quand l'ami remplit mon verre
Ou qu'Jojo se r'prend pour Voltaire
Quand l'dernier curé ferme les yeux
Qu'elles me disent insupportable et même vieux

Je préfère penser aux femmes d'Amsterdam
Loin de Dame Bêtise
Rêver aux Marquises
Puisque Madeleine ne reviendra pas
Qu'ils sont fanés nos lilas

Quand les frites dansent dans la graisse
Qu'on mitraille les nouveaux Jaurès
Quand le dimanche seul à Orly
Timide j'attends une énième Bovary

Je préfère penser aux femmes d'Amsterdam
Loin de Dame Bêtise
Rêver aux Marquises
Puisque Madeleine ne reviendra pas
Qu'ils sont fanés nos lilas

Dès que j'entends "au suivant"
Que monte l'envie d'prier Satan
Quand il ne me reste que l'ardoise
Sur la table un paquet de Gauloises

Je préfère penser aux femmes d'Amsterdam
Loin de Dame Bêtise
Rêver aux Marquises
Puisque Madeleine ne reviendra pas
Qu'ils sont fanés nos lilas

Patricia

Elle pense à quoi, Patricia
Quand on lui dit tout bas
Je rêve de toi ?...
Elle pense à quoi, Patricia
Dans ces cas-là ?

Une vraie star peut-elle voir
Dans un regard
Autre chose que l'envie
D'avoir une star dans son lit ?

Elle pense à quoi, Patricia
Quand on lui dit tout bas
Je rêve de toi ?...
Elle pense à quoi, Patricia
Dans ces cas-là ?

Est-elle la condamnée
À fréquenter
Dans un milieu fermé
Ou les proches d'avant l'succès

Elle pense à quoi, Patricia
Quand on lui dit tout bas
Je rêve de toi ?...
Elle pense à quoi, Patricia
Dans ces cas-là ?

Moi qui la vois très belle
Si j'm'approche d'elle
Me soupçonne-t-elle menteur
Ou petit collectionneur

Elle pense à quoi, Patricia
Quand on lui dit tout bas
Je rêve de toi ?...
Elle pense à quoi, Patricia
Dans ces cas-là ?

On s'emmêle

On s'connaît sous pseudonymes
Dans le monde virtuel
On s'donne rendez-vous dans l'réel
Synonyme
De sexuel

Après quelques e-mails
On s'emmêle
On s'emmêle

Vous trouvez ça décadent
C'était mieux y'a vingt ans
T'es sûr qu'c'était mieux d'picoler
Avant
De s'enrouler ?

Après quelques e-mails
On s'emmêle
On s'emmêle

Après quelques e-mails
On s'emmêle
On s'emmêle

Tu vas peut-être croire que je t'ai oublié...
Nos élus nous ont imposé
Alsatis en guise de haut-débit
Ainsi depuis six jours
« Vous êtes associés au niveau radio, mais vous n'êtes pas
connecté au réseau. »
Il s'agit d'un « incident réseau. »
Un technicien devrait se déplacer de
Toulouse pour changer un petit appareil électronique...

Goldman

J'ai répondu en refrain
Je commence demain
Je me suis reconnu
Dans l'parti des perdants
Toujours assis au dernier rang

Aujourd'hui, si je regarde mes différences
Comme des chances
Si je te les donne
Et souris quand la musique est bonne
Je sais bien de où ça vient
Je suis sur le bon chemin

En l'écoutant marcher seul
J'me sentais moins bégueule
J'ai compté les couleurs
Chaque soir de douleurs
Et Jeanine pour le baume au cœur

Aujourd'hui, si je regarde mes différences
Comme des chances
Si je te les donne
Et souris quand la musique est bonne
Je sais bien de où ça vient
Je suis sur le bon chemin

J'ai si souvent veillé tard
Et pour un p'tit regard
Voulu donner dix ans
J'ai même dû au réveil
Leur marmonner « confidentiel »

Aujourd'hui, si je regarde mes différences
Comme des chances
Si je te les donne
Et souris quand la musique est bonne
Je sais bien de où ça vient
Je suis sur le bon chemin

Poissons manifestations

Paraît qu'y'a des manifs
Au fond des océans
Des océans radioactifs
Des poissons aux hommes
Lancent un ultimatum «
Arrêtez le poison
Sinon nous coulerons
Toutes vos embarcations »

Manifestons manifestons
Se sont dits les poissons
Manifestons
Ainsi nous passerons
À la télévision

Des poissons par centaines
Ont leur combinaison
Combinaison sur-terrienne
Prêts aux sacrifices
Combats feu d'artifice à renvoyer aux hommes
Tout ce qui les dégomme
Kilos d'uranium

Manifestons manifestons
Se sont dits les poissons
Manifestons
Ainsi nous passerons
À la télévision

Comme un vulgaire poisson

Elle en a marre de son boulot
Elle veut pas croire que ses études
Devaient conduire à pareille soumission
Vraiment marre d'aller au bureau
D'avancer par simple habitude
Comme si elle n'avait même plus d'illusion

Elle a jamais voulu l'extraordinaire
Elle a jamais eu d'ambition
Mais c'est pas une raison pour tout laisser faire
Elle veut pas vivre comme un vulgaire poisson

Peut-être partir en formation
Un séjour dans l'humanitaire
Ou se complaire dans la p'tite dépression
Elle pense au mot reconversion
Reprendre des études littéraire
Blogueuse serait peut-être la solution

Elle a jamais voulu l'extraordinaire
Elle a jamais eu d'ambition
Mais c'est pas une raison pour tout laisser faire
Elle veut pas vivre comme un vulgaire poisson

Se désaltérer

Ils dépensent des millions
Pour acquérir des tableaux
Un jour ils les échangeront
Contre un petit pack d'eau

Comme la spéculation
S'empare du moindre marché
Plutôt qu'miser sur des fonds d'pension
Allez réfléchissez

Un jour sous le soleil
Des pollueurs assoiffés
Lutteront pour l'essentiel
Se désaltérer

Les raisins désaltèrent
Mais les vignes sont arrachées
Des subventions préparent not' misère
C'est la loi du marché

Pesticides et nitrates
Ont fait bien des millionnaires
Avec des pratiques dignes des pirates
Ont saccagé la terre

Un jour sous le soleil
Des pollueurs assoiffés
Lutteront pour l'essentiel
Se désaltérer

Le Vent (notre ennemi)

Il pleut, si seulement c'était que de l'eau
Fait beau, si seulement on pouvait bronzer
Le vent bien trop souvent contre nous se lève

Le vent si captivant
Je vais au devant
Les cheveux au vent
Le vent est aussi
Notre ennemi

Le vent, bien trop souvent contre nous se lève
Eh oui, tout ce qu'ils rejettent retombe sur quelqu'un
Tout c'qu'ils rejettent aux humains fait pas qu'du bien

Le vent si captivant
Je vais au devant
Les cheveux au vent
Le vent est aussi
Notre ennemi

Reste la solution de ne plus sortir
Mais où mettre le nez sur l'air qui se respire
Y'a plus qu'à en appeler au grand magicien

Le vent si captivant
Je vais au devant
Les cheveux au vent
Le vent est aussi
Notre ennemi

Le vent, si seulement rien qu'une semaine
Il pouvait s'arrêter couper les moteurs
On aurait pas de peine pour les pollueurs

Le vent si captivant...

Voyager tue

Marcher dans ces rues
Est conseillé
Par l'industrie touristique
Pourtant sur l'échelle des risques
C'est comme se griller
Un maudit paquet de « fumer tue »

C'est pas demain la veille
Qu'on lira sur les pubs des villes
« Venir ici tue »
Voyagerais-tu
Si tu savais
Que voyager tue ?

L'image d'un pays
Dit touristique
D'une certaine qualité d'vie
Tell'ment d'emplois sont en jeu
Que mentir un peu
Est dans la logique économique

C'est pas demain la veille
Qu'on lira sur les pubs des villes
« Venir ici tue »
Voyagerais-tu
Si tu savais
Que voyager tue ?

Marcher dans ces rues
Est conseillé
Par l'industrie touristique
Pourtant sur l'échelle des risques
C'est comme se griller
Un maudit paquet de « fumer tue »
C'est pas demain la veille

Qu'on lira sur les pubs des villes
« Venir ici tue »
Voyagerais-tu
Si tu savais
Que voyager tue ?

Indifférentes aux éoliennes, les vaches du Pas-du-Calais

Trier est-ce suffisant ?

Dans chaque département
Le président du Conseil Général
A le sourire du premier d'la classe génial
Pour nous présenter son slogan

Triez vos déchets
Et la pollution va reculer
Triez vos déchets
C'est pas sorcier
Tout l'monde est content
D'son p'tit geste pour l'environnement
Y croient-ils vraiment ?
Font-ils semblant ?

Faut les incinérer
Toutes nos tonnes de déchets alimentaires
Après on s'étonne qu'les chanteuses vitupèrent
Rappellent qu'on pourrait recycler

Et si vos vieilles pizzas
Le matin vous marchiez pour les porter
Au collège au lycée ou au commissariat
Partez pas j'vais vous expliquer

Triez vos déchets
Et la pollution va reculer
Triez vos déchets
C'est pas sorcier
Tout l'monde est content
D'son p'tit geste pour l'environnement
Y croient-ils vraiment ?
Font-ils semblant ?

Des poules et des poulets
Nourris de nos déchets alimentaires
On te donne des œufs si tu portes tes déchets
Des œufs pas comme dans les hypers

Les poules municipales
Moi je vous propose qu'on les installe
Dans les commissariats, collèges, les écoles
Bien sûr au Conseil Général

Triez vos déchets
Et la pollution va reculer
Triez vos déchets
C'est pas sorcier
Tout l'monde est content
D'son p'tit geste pour l'environnement
Y croient-ils vraiment ?
Font-ils semblant ?

ADN Couperet

Un jour l'ADN
Va revisiter l'histoire
Nul besoin de cartomanciennes
Pour deviner l'coup d'massue dans les manoirs

Comme ils vont pleurer
Si fiers de leur particule
Si fiers de s'affirmer bien nés
Se sentiront déshonorés ridicules

Un illustre ascendant
S'en réclamer
C'est maintenant
S'exposer
À une seule infidélité
Un seul maillon
Dans la chaîne des générations

Dans l'métro d'Berlin
Certains ont dit c'est choquant
Une publicité nouveau teint
« Êtes-vous certain d'être le père de votre enfant ? »

Pour quelques euros
Sur ses doutes on y voit clair
Redevenir papa gâteaux
Ou dire non à la pension alimentaire

Un tout doux descendant
Le dorloter
Mieux vaut avant
Vérifier
Tout soupçon d'infidélité
Y'a rien de pire
Que d'interpréter des sourires

L'ennui bizarre

Que pourrait-on bien faire
Pour ces gens qui savent pas quoi faire ?
Une petite chanson
Pourrait-elle les aider
À n'plus tourner en rond
À n'plus glander ?

C'est bizarre l'ennui
Quand on n'a qu'une vie
Pour voir toucher comprendre
Se laisser surprendre
Pour tant de merveilles
Sous le soleil

Sachez qu'le temps perdu
Jamais personne ne l'a revu
Et tout c'qu'on rate
Parfois passe à la trappe
La beauté dépérit
Le cœur aussi

C'est bizarre l'ennui
Quand on n'a qu'une vie
Pour voir toucher comprendre
Se laisser surprendre
Pour tant de merveilles
Sous le soleil

Tellement l'ont écrit
Mais personne ne leur a appris
L'B.A-ba d'la vie
Des concepts évident
Sur la fuite du bon temps
Le poids des ans

C'est bizarre l'ennui
Quand on n'a qu'une vie...

Histoires d'hypers

La première fois
Discrètement
On se regarde
La deuxième fois
Tout naturell'ment
Comme par mégarde
On se fait un p'tit bonjour
Tout en pensant
En pensant tell'ment fort
Au point qu'ça s'voit
Viv'ment la troisième fois
Pourvu qu'y'ait une prochaine fois
Et alors là
Et alors là...

Les hypers les supers
Parfois ça sert
Croyez pas qu'ce soit pour le foie gras
Si certains jours j'y vais trois fois

La troisième fois
Du bout d'l'allée
On s'apcrçoit
Crampes d'estomac
Boum dans les idées
Restez calmes mes doigts
Sûr'ment qu'j'y ai trop pensé
En avançant
De plus en plus lent'ment
Au point qu'ça s'voit
La phrase drôle préparée
Pas d'bol elle s'est évaporée
Bientôt faudra
Bientôt faudra...

Les hypers les supers
Parfois ça sert

Croyez pas qu'ce soit pour le foie gras
Si certains jours j'y vais trois fois
La troisième fois
Faut se lancer
On s'dit bonjour
La troisième fois
J'dis sans bégayer
« Eh comment ça va ? »
C'est c'que j'ai trouvé de mieux
Tout en pensant
J'l'invite au restaurant
Ou bien j'attends
Le rayon chocolat
Facile de s'croiser deux fois
Et alors là
Et alors là...
Les hypers les supers / Parfois ça sert
Croyez pas qu'ce soit pour le foie gras
Si certains jours j'y vais trois fois
La troisième fois
D'vant l'chocolat
J'respire bien fort
La troisième fois
J'lui dis « donc faut croire »
« Que le dieu hasard »
« Veut pas qu'on se quitte ce soir »
Tout en pensant
Ça se joue maintenant
Si elle sourit
On fusionne les caddies
J'vous dis que ça
j'vous dis que ça...
Les hypers les supers / Parfois ça sert
Croyez pas qu'ce soit pour le foie gras
Si certains jours j'y vais trois fois

45

La vie simplement la vie

Si au moins ils jouaient
Si au moins au dernier moment
Ils lançaient une bouée
Au perdant emporté par le vent
Le grand tourbillon
Des vautours et des couillons
Le grand tourbillon
Du pion aux stock-options

Quelque chose s'est perdu
Ou alors aucune époque n'a vécu
La vie comme on croit qu'elle fut
La vie comme on dit qu'elle fut
La vie simplement la vie (bis)

Si au moins ils jouaient
Si au moins au dernier moment
Ils lançaient une bouée
Au perdant emporté par le vent
Le grand tourbillon
Des vautours et des couillons
Le grand tourbillon
Du pion aux stock-options

Quelque chose s'est perdu
Ou alors aucune époque n'a vécu
La vie comme on croit qu'elle fut
La vie comme on dit qu'elle fut
La vie simplement la vie (bis)

Des gagnants des perdants
Des zones où l'on perd forcément
Donc arrivent des migrants
Ils viennent voler nos poules notre pain
Prétendent certains
S'autres leur tendent la main

Une même planète
Des sentiments par nets

Quelque chose s'est perdu
Ou alors aucune époque n'a vécu
La vie comme on croit qu'elle fut
La vie comme on dit qu'elle fut
La vie simplement la vie (bis)

Rocamadour, la forêt des singes

Le poulet à mille pattes

En 27 jours ils te font
Un poulet pour les rayons
Des supers des hypers
Alors que dans le coin
27 jours c'est un poussin
Elle en sait rien la ménagère

Comme elle voit qu'il est moins cher
Qu'est-ce qu'elle fait la ménagère ?
Elle prend le p'tit poulet
Elle est habituée
Pour moi c'est comme du plastique
Elle répond économique

Un poulet à vingt pattes
Ce s'rait bien plus pratique
Un poulet à cent pattes
Ce s'rait magique
Et un poulet à mille pattes
Ce s'rait une vraie usine à fric

Un jour il suffira
D'ajouter les gènes d'un mille-pattes
Dans un œuf fécondé
Et on obtiendra
Le poulet à mille pattes
Le poulet à mille pattes (ter)

Cuisses de poulet en promo
Du vrai certifié bio
Le bio des usines
Mais sans dioxine
Consommateurs rassurés
C'est du chiffre d'affaire assuré
Elle gobe tout la ménagère

Elle a lu dans une revue
Qu'les normes de l'industrie
Sont un gage de longue vie
Cahier des charges de mille pages
Ça doit plaire comme du Sullitzer

Un jour il suffira
D'ajouter les gènes d'un mille-pattes
Dans un œuf fécondé
Et on obtiendra
Le poulet à mille pattes
Le poulet à mille pattes (ter)

Un poulet à vingt pattes
Ce s'rait bien plus pratique
Un poulet à cent pattes
Ce s'rait magique
Et un poulet à mille pattes
Ce s'rait une vraie usine à fric

Un jour il suffira
D'ajouter les gènes d'un mille-pattes
Dans un œuf fécondé
Et on obtiendra
Le poulet à mille pattes
Le poulet à mille pattes (ter)

Chagrins éteints

On perd tous des journées
Avec des chagrins
Éteints le lendemain
On perd tous des journées
Qui font des années
En moins sur le chemin

Je l'ai décrété
Depuis ce matin
Ma vie s'est transformée
Tout ce qui s'éteint
Normalement le lendemain
Désormais sera mort-né
Adieu les chagrins
Des petits bobos du destin

Je crains des rechutes
Trucs pas terribles
Qui me tiendront en lutte
Je m'attends aux critiques
T'es insensible
Joue pas au stoïque !

Je l'ai décrété
Depuis ce matin
Ma vie s'est transformée
Tout ce qui s'éteint
Normalement le lendemain
Désormais sera mort-né
Adieu les chagrins
Des petits bobos du destin

Soustraire d'une courte vie
Les jours de chagrin
C'est pas ça la vraie vie

On s'laisse pourrir nos nuits
Par des p'tites blessures
Rien que des fissures

Je l'ai décrété
Depuis ce matin
Ma vie s'est transformée
Tout ce qui s'éteint
Normalement le lendemain
Désormais sera mort-né
Adieu les chagrins
Des petits bobos du destin

Médaillon du 16e siècle, façade à Cahors

Cent douze œufs par jour

Sûr s'élèveront quelques cris
Des écolos bovétisés
Ils se sont toujours opposés au progrès
Confrérie des nostalgiques de la bougie

Les famines j' vous jure sont fines
Avec la poule pondeuse DIDON
Suffit d'ajouter à sa ration d'plancton
Juste un peu d'uranium appauvri

La poule pondeuse
À cent douze pontes par jour
Elle est dans nos cartons
Et en plus cuisinières soyez heureuses
Jamais plus vos œufs cuits durs
Ne casseront
Jamais plus vos œufs cuits durs
Ne casseront

Scientifiques sont catégoriques
Pas le moindre risque sanitaire
Nous avons testé sur lapins et hamsters
Mortalité acceptable en Répufric

La poule pondeuse
À cent douze pontes par jour
Elle est dans nos cartons
Et en plus cuisinières soyez heureuses
Jamais plus vos œufs cuits durs
Ne casseront
Jamais plus vos œufs cuits durs
Ne casseront

Dès qu'on a l'autorisation
On va se faire un fric d'enfer
Je crois qu'il vaut mieux prendre le premier charter
En Asie on sait faire taire les opinions

La poule pondeuse
À cent douze pontes par jour
Elle est dans nos cartons
Et en plus cuisinières soyez heureuses
Jamais plus vos œufs cuits durs
Ne casseront
Jamais plus vos œufs cuits durs
Ne casseront

Un auteur marche parfois sur des œufs.

Des bananiers des ananas

Puisqu'y'a pas d'raison
Que tombe la sagesse sur les humains
Puisqu'y'a pas d'raison
Qu'on n'aille pas où l'on va tout droit
Plantez donc dans vos jardins
Plantez donc en mai sur vos balcons
Des bananiers et des ananas

Dans quelques décennies
En plein cœur de Paris
Les enfants des grands ânes
Récolteront des bananes
Durant quelques décennies
Y'aura d'la joie sur les étals
Dans l'hexagone tropical

Si toute la planète
Vivait comme vivent les grands notables
Faudrait cinq planètes
Pour que malgré la pollution
Y'ait un peu d'air respirable
Mais comme y'a pas d'place sur les comètes
Les enfants des cons suffoqueront

Dans quelques décennies
En plein cœur de Paris
Les enfants des grands ânes
Récolteront des bananes
Durant quelques décennies
Y'aura d'la joie sur les étals
Dans l'hexagone tropical

Puisqu'y'a pas d'raison
Que tombe la sagesse sur les humains
Puisqu'y'a pas d'raison

Qu'on n'aille pas où l'on va tout droit
Plantez donc dans vos jardins
Plantez donc en mai sur vos balcons
Des bananiers et des ananas

Dans quelques décennies
En plein cœur de Paris
Les enfants des grands ânes
Récolteront des bananes
Durant quelques décennies
Y'aura d'la joie sur les étals
Dans l'hexagone tropical

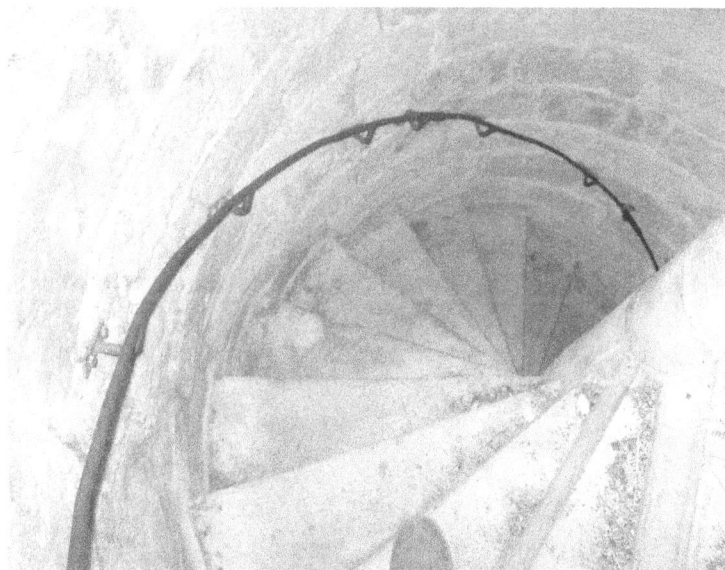

Les gens du sud

Ce sont des gens très accueillants
Presque tout l'temps sont souriants
Ce sont des gens très accueillants
Quand ça se voit qu'on a d'l'argent

Les gens du sud
Ont dans le cœur
Quelque chose qui les dissuade
De montrer leur mauvaise humeur

Forcément quand tu vis ici
Faut attendre l'air caniculaire
Si tu veux faire des p'tites affaires
Même les enfants disent bien merci

Les gens du sud
Ont dans le cœur
Quelque chose qui les dissuade
De montrer leur mauvaise humeur

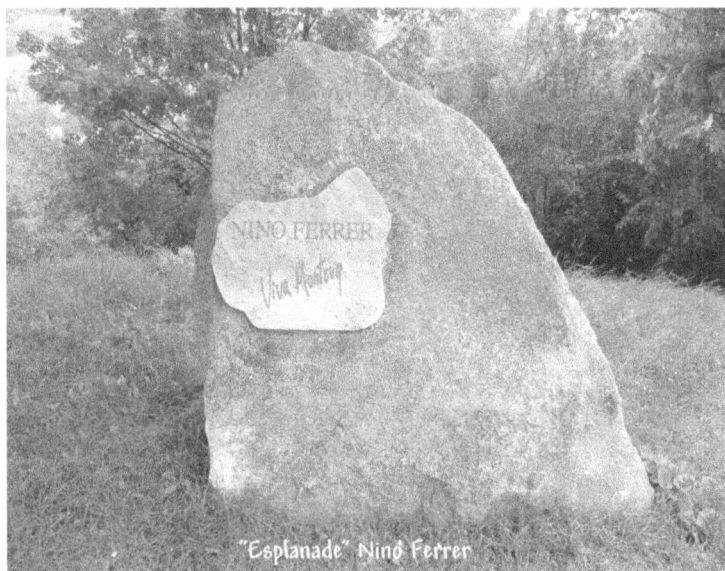

"Esplanade" Nino Ferrer

Des fruits pour faire du fric

Même cueilli beaucoup trop tôt
Même après des mois dans un frigo
Un fruit indigne de ce nom
S'appelle toujours un fruit dans les rayons

Les fruits cueillis encore fades
Seront conservés en chambre froide
Jusqu'à l'arrivée des pigeons
C'est pas bon mais ça rapporte du pognon

Des fruits pour faire du fric
Gorgés de soleil sur les photos
Méthodes industrielles dans les plateaux
Tour de passe-passe toléré par la République

Faut que le fruit soit bien dur
Sinon il devient d'la confiture
Dans les camions dans les rayons
Exigence de la grande distribution

Personne n'ose leur imposer
Une date de cueillette clair'ment notée
La fraîcheur c'est moins d'une semaine
Mais la vérité on la malmène

Des fruits pour faire du fric
Gorgés de soleil sur les photos
Méthodes industrielles dans les plateaux
Tour de passe-passe toléré par la République

Aux marchés nos paysans
Ont laissé la place à leurs enfants
Et les enfants suivent le progrès
Croient que les producteurs doivent s'adapter

D'la cueillette à l'aveuglette
Dans une chambre froide on les jette
Et on balance aux vacanciers
Avec une étiquette « fruits du pays »

Des fruits pour faire du fric
Gorgés de soleil sur les photos
Méthodes industrielles dans les plateaux
Tour de passe-passe toléré par la République

C'n'est plus une question de prix
Leur mauvais goût nous dégoûte des fruits
En boîtes ils sont meilleurs que frais
Les supers hypers marchés ont gagné

Des fruits pour faire du fric
Gorgés de soleil sur les photos
Méthodes industrielles dans les plateaux
Tour de passe-passe toléré par la République

Soleil

Bien avant
Que les hommes se croient tout-puissants
Il était déjà rayonnant
Nos aïeux l'ont appelé Dieu
Sans oser le défier des yeux

Bienfaisant
Pour la terre et ses p'tits vivants
On peut déjà dire au bon temps
De la couche d'ozone naturelle
D'une nature sans gaz industriels

Soleil soleil
Tu ne changes pas
Soleil soleil
C'est nous qui faisons de toi
Un ennemi de la vie

En bronzant
Sont-ils bien toujours bien conscients
Les parents et pire leurs enfants
D'pas faire un cadeau à leur peau
De jouer un peu avec le feu

Fatal'ment
Tu te dis que tu n'y peux rien
Même si tu roulais un peu moins
C'est la mission de nos états
Et qui vivra respirera

Soleil soleil
Tu ne changes pas
Soleil soleil
C'est nous qui faisons de toi
Un ennemi de la vie

59

Une terre vivable

Rythme 1 :

On croit que la terre nous est donnée
Elle nous est juste prêtée
Un jour il nous faudra passer le relais
Les enfants qu'on regarde grandir
Bientôt ils vont agir
Si on leur apprend à détruire ils vont détruire

Chœur, enfants :

Qu'allez-vous nous laisser ?
Laissez-nous au moins un monde en paix
Et un peu d'air pour respirer
Laissez-nous au moins
Un monde où l'on puisse encore rêver
Et pas seulement devant des photos, un écran
Nous sommes en droit d'exiger :
Laissez-nous au moins un monde en paix
Un peu d'air pour respirer

Rythme 2 :

Une terre vivable
Tout faire
Pour que la terre
Reste une terre vivable
Une terre vivable ça semble évident
Et pourtant
C'est pas certain
Qu'elle le soit demain
Une terre vivable
Pour les enfants
Et les enfants de nos enfants
Ainsi jusqu'à la fin des temps

Rythme 1 :
Apprendre que le pain se partage
Pas seul'ment dans son village
Après le pain on partage bien davantage
C'est des petits riens mais par milliards
Ils changent le cours de l'histoire
Malgré les vautours dans leurs voitures noires

Chœur, enfants :
Qu'allez-vous nous laisser ?
Laissez-nous au moins un monde en paix
Et un peu d'air pour respirer
Laissez-nous au moins
Un monde où l'on puisse encore rêver
Et pas seulement devant des photos, un écran
Nous sommes en droit d'exiger :
Laissez-nous au moins un monde en paix
Un peu d'air pour respirer

On ne voit bien qu'avec le coeur l'essentiel est invisible pour les yeux

Des criquets et des poussins

Le concert des criquets
Est exonéré de droits sacem
Mais les concerts de criquets
Pas un agriculteur ne les aime

Nous ne sommes pas méchants
Mais les criquets mangent notre blé
Moins d'céréales dans les champs
C'est moins de blé chez l'ami banquier

Exterminez les criquets
C'est le cri du cœur
Des agriculteurs

Si nous vendons moins d'blé
Comment le boulanger f'ra son pétrin ?
Comment les poules les poulets
Auront la gave comme une miche de pain ?

Avec un peu moins d'blé
Le pain sera toujours disponible
Et nous serons même comblés
Si c'est du pain sans pesticide

Quant aux poules et poussins
Pourquoi encore leur donner du blé
Moi qui les sors chaque matin
J'sais qu'ils préfèrent manger des criquets

Exterminez les criquets
C'est le cri du cœur
Des agriculteurs

Laissez vivre les criquets
Piégez-les quand ils sont bien dodus
Vous verrez vos vieux poulets
Chanteront mieux qu'le guignol moustachu

Le concert des criquets
Est exonéré de droits sacem
Et les concerts de criquets
Même les filles d'agriculteurs les aiment

Exterminez les criquets
C'est le cri du cœur
Des agriculteurs

La vache se croise encore à Montcuq

Aimer sa terre

Il voudrait qu'on le laisse faire
Voudrait cultiver ses jachères
Vivre de son travail, de son savoir-faire
Il aime sa terre

Mais des décrets arbitraires
Et les techniciens agraires
Lui dictent ce qu'il doit faire, les bonnes manière
Il aime la terre

Il est seul
Sans poids
Sa voix
Nul ne vient l'écouter
Quand il parle de qualité
Dans un monde où le bio
N'est plus qu'un amuse gogos

Il voudrait qu'on le laisse faire
Voudrait cultiver ses jachères
Il est du parti des minoritaires
Il aime sa terre

Il remplit des formulaires
Et puisqu'il n'est qu'un fonctionnaire
Il dénonce simplement sa misère
Il aime sa terre

Il est seul
Sans poids
Sa voix
Nul ne vient l'écouter
Quand il parle de qualité
Dans un monde où le bio
N'est plus qu'un amuse gogos

Les empoisonneurs seront les payeurs

Quand les empoisonneurs
Sont les premiers empoisonnés
On pourrait espérer
Que leurs successeurs
Respectent les consommateurs

Comme leurs parents
Les enfants des empoisonneurs aiment l'argent
Les enfants des empoisonnés
S'en foutent d'être empoisonneurs
Pourvu qu'ils fassent leur beurre

Ils se croient protégés
Leur cabine d'air conditionné
Leurs tenues d'astronautes
Bien droit dans leurs bottes
Personne leur passe les menottes

Si les empoisonneurs
On leur donne la légion d'honneur
Changeons de président
Les empoisonneurs
Un jour seront les payeurs

Comme leurs parents
Les enfants des empoisonneurs aiment l'argent
Les enfants des empoisonnés
S'en foutent d'être empoisonneurs
Pourvu qu'ils fassent leur beurre

J'ai tellement déjà goûté

Le Canigou, le Ronron
J'ai déjà goûté
Viande bovine, sachets régimes
J'ai déjà goûté
Le saumon à l'uranium, les crevettes
J'ai déjà goûté

Les OGM peuvent débarquer
Mon estomac y est préparé
Heil Saïhmeur attend son heure

Leurs Mac Do leurs saucissons
J'ai déjà goûté
Les dioxines, leur margarine
J'ai déjà goûté
Viande bovine, sachets régimes
J'ai déjà goûté

Les OGM peuvent débarquer
Mon estomac y est préparé
Heil Saïhmeur attend son heure

La soupe en brique, salade en sachet
J'ai déjà goûté
Fraises pesticides, bouteilles d'eau aux nitrates
J'ai déjà goûté
Les pommes passées en chambres froides
J'ai déjà goûté

Les OGM peuvent débarquer
Mon estomac y est préparé
Heil Saïhmeur attend son heure

Les baleines bélugas

Les baleines bélugas
Sont hors-la-loi
Mais personne là-bas
Là-bas au Canada
Ne les accusera
Elles n'ont même pas le droit
À un avocat
Vu que ces gens-là
Faut les payer
Et qu'les baleines bélugas
Même leur peau personne n'en voudra
Vu qu'les baleines bélugas
C'est dramatique
Les baleines bélugas
Au regard de la loi
Sont des déchets toxiques

Les baleines bélugas du Saint Laurent
Ont ingurgité tant de PCB
Aussi appelés Polluants Organiques Persistants
Parfois on boit et on sait pas c'qu'on boit
C'est pas marrant
Baleine béluga du Saint Laurent

Les baleines bélugas
Sont chocolat
Sous nos caméras
Elles nagent comme autrefois
Elles n'ont pas le choix
Mais nous ne voyons pas
Qu'notre tour viendra
Tout l'n'importe quoi
On le payera
Comme les baleines bélugas

À l'agonie on dansera
Comme les baleines bélugas
C'est dramatique
Toi comme moi on sera
Complét'ment aux abois
De vrais déchets toxiques

Les baleines bélugas du Saint Laurent
Comme les retraités et comme les bébés
Tous gavés de polluants de cancérisants
Parfois on boit et on sait pas c'qu'on boit
C'est pas marrant
Vivants au pays des inconscients

Des rêves et des décrets

On a des rêves
Et on est convoqué
Par quelqu'un qui applique la loi
Le dernier décret
Peu importent les cris d'effroi
Il applique la loi
Le dernier décret

Des rêves et des décrets
Ils pourraient être du même côté
Mais ils sont rares les endroits
Où ça se passe comme ça
« L'état c'est nous » mais nul n'est censé ignoré leurs lois

On a des rêves
Devant l'nez un papier
Il vous dit vous avez le choix
Mais il faut signer
On vous rappelle la bonne loi
On vous laisse le choix
Mais il faut signer

Des rêves et des décrets
Ils pourraient être du même côté
Mais ils sont rares les endroits
Où ça se passe comme ça
« L'état c'est nous » mais nul n'est censé ignoré leurs lois

On a des rêves
Mais la réalité
Attend l'rêveur au coin du bois
L'apprend à marcher
Certains vous ajoutent « bien droit »
Ça te glace d'effroi
Mais tu as voté

Des rêves et des décrets
Ils pourraient être du même côté
Mais ils sont rares les endroits
Où ça se passe comme ça
« L'état c'est nous » mais nul n'est censé ignoré leurs lois

La meilleure des thérapies

Et si
La meilleure des thérapies
C'était tout simplement la vie
Et si
Plutôt que de mettre la tête dans le prozac
On la tournait du côté des possibles
Et si on posait le masque
Passait du nuisible au paisible

Et si
La meilleure des thérapies
C'était tout simplement la vie
Tout simplement la vie

La meilleure des thérapies
Tout simplement la vie
Tout simplement la vie
Tout simplement retrouver l'envie

Les clés de la paix

Tu voudrais les clés
Celles qui permettent d'entrer partout
On t'a dit que la vérité fallait bien la chercher
Mais les portes sont fermées
Parce que tu me vois toujours debout
Tu crois que j'ai un passe-partout
J'ai dans la tête les mots qui rendent fous
Ceux qui rendent jaloux
Transforment un homme en loup
Il suffit de parler pour déclencher toutes les peines
Pourtant avec les mêmes mots on se dira que l'on s'aime
Le matin l'amour mais le soir la haine
Tu sais pas toujours pourquoi tu rejoints l'autre extrême
Rien n'est jamais vraiment acquis
Comme des volcans assagis
Des femmes et des hommes vivent ici
Peuvent s'entretuer après s'être souris

Écoute cette prière
La paix sur la terre
C'est celle de ta mère
Elle implore même les airs
Pour la paix sur la terre
Elle sait que les guerres
Tous nos rêves elles les enterrent

Tu voudrais gagner
On veut tous sortir de notre trou
La liberté faut s'la payer, personne va t'la donner
Dans ce monde aux cartes truquées
Si t'as un vrai rêve va jusqu'au bout
On dira sûrement qu't'es fou
L'échec et la solitude on en joue

72

On est des casse-cous
Provocs plus que voyous
Rien n'a changé depuis Jean de la Fontaine
Y'a toujours des loups et des agneaux près des fontaines
Malgré nos bonnes consciences républicaines
Nos marches nos rencontres et nos primaires citoyennes
Tu cherches les bonnes clés mon ami
C'est la bonne porte qu'il s'agit
De trouver dans cette chienne de vie
Sinon t'as les merdes d'un rabougri

Écoute cette prière
La paix sur la terre
C'est celle de ta mère
Elle implore même les airs
Pour la paix sur la terre
Elle sait que les guerres
Tous nos rêves elles les enterrent

La Liberté

C'est facile
De crier qu'on nous l'a volée
C'est facile
De gueuler
Rendez-nous la Liberté

La Liberté
Qui aujourd'hui
Est prêt à en payer le prix ?
La Liberté...
Réclamée
La Liberté...
On la dit chérie

Difficile
De s'infliger tous les efforts
Difficile
Même pour elle
De le lâcher son confort

Accuser
La société ou le pouvoir
C'est ne voir
Qu'un miroir
Après l'avoir choisi

La Liberté
Qui aujourd'hui
Est prêt à en payer le prix ?
La Liberté...
Réclamée
La Liberté...
On la dit chérie

Pour tous ceux
Qui voudraient faire n'importe quoi

C'est heureux
Que jamais
Ils ne l'aient leur liberté

Mais pour ceux
Qui veulent vivre dans le respect
Des humains
Et du bien
Est-elle à portée de main ?

La Liberté
Qui aujourd'hui
Est prêt à en payer le prix ?
La Liberté...
Réclamée
La Liberté...
On la dit chérie

Deux visages

Liberté surveillée

Après avoir milité
Pour plus de libertés
Va bien falloir s'habituer
Aux réalités

Humains / humains
Trop de crétins
Libertés
Savent en profiter
C'est ainsi
Qu'on tue les démocraties

Puisqu'il en est toujours un
Qui va un peu plus loin
Dans la grande échelle de l'horreur
De la grande terreur

On ne va pas mettre un flic
Derrière chaque fanatique
Y'a plus que la surveillance
C'est la dernière chance

Humains / humains
Trop de crétins
Libertés
Savent en profiter
C'est ainsi
Qu'on tue les démocraties

Après avoir milité
Pour plus de libertés
Va bien falloir s'habituer
Aux réalités

Ça donne envie de vomir
De devoir nous le dire
Qu'il faut pour la sécurité
Moins de libertés

Humains / humains
Trop de crétins
Libertés
Savent en profiter
C'est ainsi
Qu'on tue les démocraties

Déposé à la sacem le 8 octobre 2001...

Les portes fermées

Dès qu'une porte est fermée
C'est le grand attroupement
Faut essayer de la défoncer
En tout cas faut être là
Pour bondir dès qu'elle s'entrouvrira

Dès qu'une porte est fermée
C'est le grand attroupement
On essaye d'entrer par les fenêtres
Il faut à tout prix en être
Approcher the big dieu le maître

Dès qu'une porte est fermée
Je n'suis pas du mouvement
Je passe mon chemin je vais bon train
Parfois j'vais même pas plus loin
Je m'arrête où les portes sont ouvertes

Derrière les portes fermées
J'ai compris depuis bien longtemps
En s'enfermant
Le vide se prétend important
C'est avec cet hameçon
Qu'on ride bien des vocations

Dès qu'une porte est fermée
Je n'suis pas du mouvement
Je passe mon chemin je vais bon train
Parfois j'vais même pas plus loin
Je m'arrête où les portes sont ouvertes

Dès qu'une porte est fermée
J'imagine les gros crétins
Intermédiaires qui se croient malins
Ils attendent un gros pourboire
Pour laisser voir nous faire recevoir

Derrière les portes fermées
J'ai compris depuis bien longtemps
En s'enfermant
Le vide se prétend important
C'est avec cet hameçon
Qu'on ride bien des vocations

Partout pareil et les rêveurs

C'est partout pareil !
Certains ajoutent
À part le soleil
C'est partout pareil
À l'entrée des supermarchés
Un peu partout supercheries
Bien à l'écart les porcheries
Et en banlieue les coups foireux

À part le soleil
C'est partout pareil
Vaut mieux être riche
Et en bonne santé
La vie ça dépend de l'oseille
Que t'as en trop ou que t'as pas
Des gens qui t'aident quand ça va pas
Et du nombre d'heures au moteur

C'est partout pareil
Ailleurs c'est pas meilleur
Suivez nos conseils
Sortez du troupeau des rêveurs
Devez des consommateurs
Relancez le moteur

À part le soleil
C'est partout pareil
Répondent aux rêveurs
Ceux qui voient la vie
Avec des veilles œillères
Il serait temps que tu te réveilles
Que tu sois comme on t'a appris
Nos préjugés
Nos partis-pris

C'est partout pareil
Ailleurs c'est pas meilleur
Suivez nos conseils
Sortez du troupeau des rêveurs
Devez des consommateurs
Relancez le moteur

C'est partout pareil ?
Et non y'a encore
Des coins de c' pays
Sans la pollution
Des bastions de la création
Où l'on peut se rouler dans l' foin
Manger de vrais œufs du vrai pain
Et courir après les lapins

C'est partout pareil
Ailleurs c'est pas meilleur
Suivez nos conseils
Sortez du troupeau des rêveurs
Devez des consommateurs
Relancez le moteur

Je n'suis pas conseiller général

Je n'suis pas conseiller général
J'ai un vrai travail
J'écris des chansons
Qui plaisent pas dans mon canton

Des p'tites chansons
Sur les incohérences
Des petits pions
Qui gangrènent la France
Des petits pions
Imbus de leurs incompétences

Je n'suis pas conseiller régional
J'vis avec que dalle
J'écris des chansons
Qu'ont pas droit aux subventions

Des p'tites chansons
Sur les incohérences
Des petits pions
Qui gangrènent la France
Des petits pions
Imbus de leurs incompétences

Je n'suis pas monsieur le député
Et c'est sans regret
J'crois pas qu'mes chansons
Supporteraient un bâillon

Des p'tites chansons
Sur les incohérences
Des petits pions
Qui gangrènent la France
Des petits pions
Imbus de leurs incompétences

Noël en janvier

Depuis le temps qu'une fois par an
Il vient sur terre
Le père Noël a eu le temps
D'observer nos travers

Le père Noël veut bien faire plaisir aux enfants
Mais il ne veut plus enrichir les marchands
Alors cette année
Le père Noël a décidé
D'attendre qu'les jouets soient soldés
Noël en janvier
Il suffisait d'y penser
Noël en janvier
La vie va changer
Avec Noël en janvier

Puisqu'il doit se fournir sur terre
Mars est si loin
Qu'ici c'est la loi des hypers
Attention margoulins

Puisque dans le prix des jouets
La production
Ne reçoit qu'la menue monnaie
S'rait temps d's' organiser

Le père Noël veut bien faire plaisir aux enfants
Mais il ne veut plus enrichir les marchands
Alors cette année
Le père Noël a décidé
D'attendre qu'les jouets soient soldés
Noël en janvier
Il suffisait d'y penser
Noël en janvier
La vie va changer
Avec Noël en janvier

Depuis le temps qu'une fois par an
Il vient sur terre
Le père Noël a eu le temps
D'observer nos travers

Que pensez-vous du réveillon
Le 16 janvier
Créons des associations
Pour qu'il devienne férié

Le père Noël veut bien faire plaisir aux enfants
Mais il ne veut plus enrichir les marchands
Alors cette année
Le père Noël a décidé
D'attendre qu'les jouets soient soldés
Noël en janvier
Il suffisait d'y penser
Noël en janvier
La vie va changer
Avec Noël en janvier

Quand je te dis « je t'aime »

J'aime le chocolat
J'aime les chats
Les falaises d'Étretat
La barbe à papa
Le moka les pizzas

Mais rassures-toi
Quand j'te dis « je t'aime », ça n'a rien à voir avec tout ça
Quand je te dis « je t'aime »
C'est de l'éternité en petites graines

J'aime les petit-pois
J'aime les oies
Les sucrées fraises des bois
Les contes d'autrefois
Les anchois la Savoie

Mais rassures-toi
Quand j'te dis « je t'aime », ça n'a rien à voir avec tout ça
Quand je te dis « je t'aime »
C'est de l'éternité en petites graines

J'aime les magiciens
J'aime le vin
Le pain et le boursin
Les soirs de festin
Les raisins les lapins

Mais rassures-toi
Quand j'te dis « je t'aime », ça n'a rien à voir avec tout ça
Quand je te dis « je t'aime »
C'est de l'éternité en petites graines

Les sans-papiers

Les portes des sans-papiers
Ont été défoncées
Quelqu'un rit sur le palier
Rit d'avoir dénoncé

À six heures des inspecteurs
Ont donné l'grand assaut
Tout le monde récupérait
Ce voisin excepté

Toute la nuit il a fait l'guet
Compté entrées sorties
Quel dommage mes chers messieurs
Il en manque au moins deux

Les portes des sans-papiers
Ont été défoncées
Quelqu'un rit sur le palier
Rit d'avoir dénoncé

Aux curieux prosélytes
Vous auriez fait comme moi !
Distribue des bulletins
Oui, c'est un encarté

Les curieux il les invite
Au congrès fin de mois
On parlera dimanche matin
De l'insécurité

Les portes des sans-papiers
Ont été défoncées
Quelqu'un rit sur le palier
Rit d'avoir dénoncé

Les rumeurs

Les rumeurs de nos jeux de cœur
Rumeurs de nos mauvaises humeurs

Chaque jour des rumeurs
Plus vite que les machines à vapeur
Passent d'aigreur à aigreur

Chaque jour des rumeurs
Reviennent nous fendre le cœur
Nous mettre d' mauvaise humeur

Les rumeurs de nos jeux de cœur
Rumeurs de nos mauvaises humeurs

Comme tout le monde, j'écoute
Les magouilleurs les mauvais coucheurs
Je ris des démentis

Comme tout le monde, je lis
Même si je dis que jamais j'achète
Trop souvent je feuillette

Les rumeurs de nos jeux de cœur
Rumeurs de nos mauvaises humeurs

Pourtant, quand la rumeur
Me concerne, si je démens, qui m' croit
Pas de fumée sans feu (prédisent les speakers)

Pourtant quand la rumeur
Me concerne, si j'me tais, qui comprend
Qui ne dit mot n'acquiesce (insistent les aboyeurs)

Si t'es friqué

Y'a des concours rien que pour toi
Des promotions rien que pour toi
Sous réserve d'acceptation par le service bancaire
Avis d'imposition ou bulletin de salaire

Si t'es friqué c'est moins cher
Si t'as le beau plumage
T'as droit aux avantages
Dans leurs supers hypers

On ouvre une caisse rien que pour toi
Des bons d'achat rien que pour toi
Pour avancer faut le pass comme ailleurs le passeport
Faut être de la bonne classe qu'la direction adore

Si t'es friqué c'est moins cher
Si t'as le beau plumage
T'as droit aux avantages
Dans leurs supers hypers

On parle encore d'égalité
Mais entre des privilégiés
Les fournisseurs à genoux d'vant les centrales d'achats
Silence des médias qui vivent des pubs de ces gens-là

Si t'es friqué c'est moins cher
Si t'as le beau plumage
T'as droit aux avantages
Dans leurs supers hypers

Magouilleurs amateurs

On fait de notre mieux
Mais en r'gardant le vingt heures
On voit bien qu'on n'est pas à la hauteur
On n'a pas les moyens des verreux
Faut pas s'faire d'illusion
On joue pas dans la même division

On est qu'des magouilleurs
Amateurs
Des magouilleurs amateurs
Mettre un peu d'beurre
Dans le budget ceinture serrée
Mettre un peu d'beurre
Dans les équations d'agios qui nous pendent au nez
On est qu'des magouilleurs amateurs

On s'refile les bons plans
Toujours limites du hors-jeu
On sait qu'on risque pas grand chose juste un peu
On nous appelle radins ou déviants
On veut bien consommer
Mais on est r'tourné quand faut payer

On est qu'des magouilleurs
Amateurs
Des magouilleurs amateurs
Mettre un peu d'beurre
Dans le budget ceinture serrée
Mettre un peu d'beurre
Dans les équations d'agios qui nous pendent au nez
On est qu'des magouilleurs amateurs

Un peu pique-assiettes
Aux cocktails de la jet-set
Au pot d'adieu de madame la préfète
Un peu partout où y'a des p'tites fêtes
Mais on n'a pas le pass
Où les V.I.P se prélassent

On est qu'des magouilleurs
Amateurs
Des magouilleurs amateurs
Mettre un peu d'beurre
Dans le budget ceinture serrée
Mettre un peu d'beurre
Dans les équations d'agios qui nous pendent au nez
On est qu'des magouilleurs amateurs

Les experts indépendants

Quand la loi oblige les puissants
À faire valider leurs conclusions
Par un expert naturellement indépendant
Ils s'organisent, trouvent une solution

Face aux experts indépendants
Difficile pour le simple mortel
De contester retourner la version des puissants
Les mêmes préjugés derrière les oreilles

L'expert indépendant
Connaît les limites de son indépendance
S'il mord la main qui l'engraisse
Les puissants trouveront un autre expert indépendant
Une certaine dose de complaisance
Ne pas trop tirer sur la laisse
Sont nécessaires pour tenir longtemps

Le travailleur indépendant
Doit souscrire un contrat d'assurance
Pour en cas de maladie toucher un peu d'argent
Il paye cotisations à échéance

Au deuxième arrêt de travail
Bing la convocation chez l'expert
L'assuré comprend que ses garanties valent que dalle
Finies les indemnités journalières

L'expert indépendant
Connaît les limites de son indépendance
S'il mord la main qui l'engraisse
Les puissants trouveront un autre expert indépendant
Une certaine dose de complaisance

Ne pas trop tirer sur la laisse
Sont nécessaires pour tenir longtemps

Pour savoir qui est un pervers
Oui forcément il faut un expert
Qui pourra travailler dans une centrale nucléaire ?
Piloter avions ou hélicoptères ?

Dans un monde où les responsables
Prennent le blé veulent pas être embêtés
Ils délèguent aux grands experts jamais coupables
C'est peut-être un choix de société

L'expert indépendant
Connaît les limites de son indépendance
S'il mord la main qui l'engraisse
Les puissants trouveront un autre expert indépendant
Une certaine dose de complaisance
Ne pas trop tirer sur la laisse
Sont nécessaires pour tenir longtemps

SMS :
11.09.2015 à 11:09 : J'écris une chanson :)
Blondin : Paroles et musique ?
11.09.2015 à 11:17 : Tu me vois écrire de la musique :)
une chanson pour moi n'est qu'une partie de chanson.
Même si elle suit une musique interne. Et je fredonne dans
le genre Houellebecq cette fois.
Très différent des Paladins :)

Je veux tout...

Je veux tout
Mais j'ai le temps
Je veux tout
Mais lentement

Je veux boire chaque instant
Voir défiler ce temps
Qui jamais n'est pesant
Je veux les mirages de chaque âge
Et même en subir
Les pires naufrages

Je veux tout
Mais j'ai le temps
Je veux tout
Mais lentement

J'avoue je les crois fous
Ou alors en fuite
Quand ils réclament tout
Et tout de suite, tout et tout de suite
Comme si un instant
Durait dix ans

Je veux tout
Mais j'ai le temps
Je veux tout
Mais lentement

Un brin épicurien
Toutes les p'tites douceurs
Me passent douc'ment dans l'cœur
Elles fermentent et elles alimentent
Chacun des circuits
Qui font la vie

Je veux tout Mais j'ai le temps
Je veux tout Mais lentement

Le rsa à Calcutta

Elle calcula
Qu'à Calcutta
Le Rsa lui suffira
Même après le billet d'avion
En Low cost, ça va de soit
Il lui restera, oh quelle joie
De quoi vivre sans se soucier du pognon
L'idéal tu vois

Mais elle reçut un coup en plein cœur
Quand le... "convoqueur"
Lui eut dit d'un sourire narquois
Qu'il faut vivre au pays payeur
Etre prêt à l'emploi
Pour garder le rsa

Elle calcula
Qu'le Rsa
Des friqués le claquent pour leur chat
Rien que pour leurs billets d'avion
C'est douze vies de rsa
Qu'ils dépensent les Dupont Lajoie
Pour certains ce n'sont que des frais de fonction
On sait qu'y a d'la joie

Mais elle reçut un coup en plein cœur
Quand le... "convoqueur"
Lui eut dit d'un sourire narquois
Qu'il faut vivre au pays payeur
Etre prêt à l'emploi
Pour garder le rsa

Elle reste-là
Une sans-emploi
Elle vit de peu du Rsa

Convocations et formations
Elle sait qu'elle a mis un doigt
Dans un système qu'elle n'aime pas
Jamais elle ne cause de ses motivations
Pas bavarde tu vois

Elle calcula
Qu'à Calcutta
Le Rsa lui suffira
Même après le billet d'avion
En Low cost ça va de soit
Il lui restera oh quelle joie
De quoi vivre sans se soucier du pognon
L'idéal tu vois

Mais elle reçut un coup en plein cœur
Quand le... "convoqueur"
Lui eut dit d'un sourire narquois
Qu'il faut vivre au pays payeur
Etre prêt à l'emploi
Pour garder le rsa

La nuance du malgré tout

Un méchant chien
Est malgré tout
Un chien

Un méchant humain
Est malgré tout
Un humain

Tout est dans la nuance du "malgré tout"
Malgré tout...
Mais peut-on faire au méchant humain
Ce que l'on fait au méchant chien ?

Un méchant chat
Est malgré tout
Un chat

Un méchant humain
Est malgré tout
Un humain

Tout est dans la nuance du "malgré tout"
Malgré tout...
Mais peut-on faire au méchant humain
Ce que l'on fait au méchant chat ?

Te souviens-tu de moi ?

J'étais Rimbaud
Le nouveau Rimbaud
Pour toi
Rien que pour toi
Et ça me suffisait tu sais
Ça me suffisait tu le sais

Mais te souviens-tu de moi ?
Un peu beaucoup parfois ?
Te souviens-tu de moi ?
Un peu beaucoup le soir parfois ?
Un peu beaucoup la nuit parfois ?
Te souviens-tu de moi ?
Comme je pense à toi ?

J'étais Verlaine
Les doigts sous ta laine
Oh toi
Oh rien que toi
Et ça me suffisait tu sais
Ça me suffisait tu le sais

Mais te souviens-tu de moi ?
Un peu beaucoup parfois ?
Te souviens-tu de moi ?
Un peu beaucoup le soir parfois ?
Un peu beaucoup la nuit parfois ?
Te souviens-tu de moi ?
Comme je pense à toi ?

Un pays tellement parfait

Des garagistes siphonnent les réservoirs
Des facteurs se servent dans les colis
Des fonctionnaires des fondés de pouvoir
Collectionnent les congés maladies

Le nom du pays
Je dois le taire
Il se dit démocratie
Protège même la liberté pamphlétaire
Mais comme certains passent des euros dans les paradis
fiscaux
Tout l'monde cherche la faille pour gagner plus en
plumant son travail
En plumant des cobayes

Des caissières oublient certains codes barre
Elles remplissent ainsi bien des placards
Des conseillers généraux régionaux
Ont des amis très très généreux

Le nom du pays
Je dois le taire
Il se dit démocratie
Protège même la liberté pamphlétaire
Mais comme certains passent des euros dans les paradis
fiscaux
Tout l'monde cherche la faille pour gagner plus en
plumant son travail
En plumant des cobayes

Des pharmaciennes passent de fausses ordonnances
Z'arrosent le sable vendu à la tonne
Les plombiers profitent des circonstances
Quand part l'électricien tu carillonnes

Le nom du pays
Je dois le taire
Il se dit démocratie
Protège même la liberté pamphlétaire
Mais comme certains passent des euros dans les paradis
fiscaux
Tout l'monde cherche la faille pour gagner plus en
plumant son travail
En plumant des cobayes

Mais quand le grand parti de la Morale
S'est mis à chasser la fraude fiscale
En nommant le Cahuzac au Budget
Le nom du pays on l'a cafté

Femme en bronze
réalisée en 1998
par Flavio de Faveri

Gwenaëlle

Je n'sais rien d'elle
Et pourtant je sais l'essentiel
Est-ce, ce qui s'appelle
Entrevoir l'absolu ?
Savoir avant d'avoir vu

Dans mes rêves
Je l'appelle
Gwenaëlle
Ce prénom s'impose
Avec belle
Rebelle
Intellectuelle

Coup de foudre
Ils se permirent de me répondre
Dîtes même passion
Aimer par dévotion
On en rit dans les salons

Dans mes rêves
Je l'appelle
Gwenaëlle
Ce prénom s'impose
Avec belle
Rebelle
Intellectuelle

Intégrité
Douceur bonté sérénité
Tant de qualités
Qui feront sa beauté
Comme détail sur l'éventail

Dans mes rêves / Je l'appelle
Gwenaëlle /Ce prénom s'impose
Avec belle / Rebelle / Intellectuelle

Mort comme Félix Faure

Il est mort
Comme Félix Faure
De qui dira-t-on
Il est mort
Comme Félix Faure ?
Il est mort
Dans l'exercice de ses fonctions

Durant un rendez-vous galant
Monsieur le président
Officiellement en réunion
N'a pas reçu l'absolution

Il est mort
Comme Félix Faure
De qui dira-t-on
Il est mort
Comme Félix Faure ?
Il est mort
Dans l'exercice de ses fonctions

Qui sera la belle intrigante
Millionnaire remuante
Après l'pont d'or des éditeurs
Pour de ses mémoires la primeur ?

Il est mort
Comme Félix Faure
De qui dira-t-on
Il est mort
Comme Félix Faure ?
Il est mort
Dans l'exercice de ses fonctions

1899
Année symbolique
Où l'président d'la République
Meurt d'un rendez-vous érotique

Il est mort
Comme Félix Faure
De qui dira-t-on
Il est mort
Comme Félix Faure ?
Il est mort
Dans l'exercice de ses fonctions

Ce texte fut écrit bien avant l'envie du Parti Socialiste de présenter DSK pour battre Nicolas Sarkozy en 2012.
Sur twitter, le compte felix_faure a « *milité* » pour le retour gagnant, en France, de l'ancien président du FMI.

Félix Faure-Midable est très attentif à la carrière de François Hollande, il en espère un happy-end...

Illusion

Nicolas Sarkozy - Marcel Desailly
Christine Angot - Pascal Obispo
Jean-Pierre Chevènement - Jean-Pierre Galland
Christine Boutin - Alain Madelin

Si d'ici cent ans
Quelqu'un déterre cette chanson
Il se demandera qui étaient ces gens
Comment ont-ils pu faire illusion !...

Alain Minc Mireille Darc - Bernadette Chirac
Aimé Jacquet - Jean-Louis Debré
Vanessa Paradis - Michel Platini
Noël Mamère - Jean-Luc Lagardère

Jenifer Loana - Laetitia Casta
Bertrand Canta - François Cavanna
Gwenaëlle Marc Blondel - Alain Duhamel
José Bové - Catherine Millet

Si d'ici cent ans
Quelqu'un déterre cette chanson
Il se demandera qui étaient ces gens
Comment ont-ils pu faire illusion...

Jean saint-Josse Dieudonné - Jean-Marie Messier
Jean-Pierre Foucault - Michel Denisot
Sophie Marceau - Josyane Savigneau
Francis Cabrel - J.P Capdevielle

Ernest-Antoine Seillière - Ophélie Winter
Alain Juppé - Patrick Sabatier
Joey Starr Pierre Lescure - Edouard Balladur
Bernard Pivot - Fabrice Santoro

Si d'ici cent ans / Quelqu'un déterre cette chanson...

Un texte écrit en 2002.
Déjà en 2015, des notoriété ont chuté...

103

33 ans

J'ai essayé mais en vain
De changer l'eau en vin
J'ai essayé quinze fois
De marcher sur la mer
J'ai bu la tasse à chaque fois
J'fais même plus rire ma mère

J'ai trente-trois ans
Je porte ma croix
J'essaye de faire entendre ma voix
En racontant ma foi
Ma foi en moi
Et mes exploits

Dans une église au hasard
J'ai dis "tu es Lazare"
"Alors lève-toi et marche"
Mais c'est des policiers
Qui m'attendaient au bas des marches
Eh oui ils m'ont coffré

J'ai trente-trois ans
Je porte ma croix
J'essaye de faire entendre ma voix
En racontant ma foi
Ma foi en moi
Et mes exploits

Pour répandre ma bonne parole
Pour devenir une idole
J'avais choisi la télé
J'fonçais sur les plateaux
Mais c'est encore des policiers
Qui m'ont foutu au chaud

J'ai trente-trois ans
Je porte ma croix...

La génétique au service du fantastique

Des oiseaux miauleront
Des chiens des chats s'envoleront
Des hommes kangourous
Iront d'un bond de Paris à Châteauroux

Vivrons-nous le temps qu'il faudra
Pour connaître cela
La génétique
Au service du fantastique
Les scientifiques
Au service de l'écologique ?

Terminée les voitures
Les avions au musée c'est sûr
Quant aux autoroutes
Escargots et limaces y joueront sans doute

Vivrons-nous le temps qu'il faudra
Pour connaître cela
La génétique
Au service du fantastique
Les scientifiques
Au service de l'écologique ?

Un unique grain de blé
Produira comme un cerisier
Finies les famines
Le José Bové en cage à Medellin

Vivrons-nous le temps qu'il faudra
Pour connaître cela
La génétique
Au service du fantastique
Les scientifiques
Au service de l'écologique ?

La décroissance

Même dans verre géant
Quand l'eau tombe goutte à goutte
Elle va déborder ça aucun doute
C'est juste une question de temps

Croissance illimitée
Dans un monde limité
On a beau éviter d'y penser
On sait qu'ça va déborder

La décroissance
C'est la dernière chance
Mais la décroissance
Ça ne plait pas ici-bas
Confort à outrance
Ça plait pas aux électeurs
Donc c'est tous en chœur :
« vive la croissance »
« viva la croissance »

C'est au nom d'un peu d'joie
Qu'on grille not' capital
C'est d'la bêtise caricaturale
Pauvre planète aux abois

Deux mille chaînes de télé
Mais plus d'air respirable
Pour trouver de l'eau buvable
Faudra en décongeler

La décroissance
C'est la dernière chance
Mais la décroissance
Ça plait pas ici-bas
Confort à outrance

Ça plait pas aux électeurs
Donc c'est tous en chœur :
« vive la croissance »
« viva la croissance »

Des problèmes de privilégiés

J'ai des problèmes de privilégiés
Je pleure quand on m'a plaqué
Je défile pour le pouvoir d'achat
Et j'me pleins d'la pisse de chat

Occidental
J'occupe ma vie
En p'tits soucis
Sur mon piédestal
J'm'en moque des besoins primaires
Pourtant j'ai mal
Parfois j'me dis « t'exagères »

C'est un scandale les programmes ce soir
Font jamais c'que j'voudrais voir
Il pleut dès que j'veux faire mon jogging
Faudrait changer de living

Occidental
J'occupe ma vie
En p'tits soucis
Sur mon piédestal
J'm'en moque des besoins primaires
Pourtant j'ai mal
Parfois j'me dis « t'exagères »

Vivement les prochaines vacances
Faut baisser le prix d'l'essence
J'veux travailler moins et gagner plus
J'en ai marre de ces gugusses

Occidental
J'occupe ma vie
En p'tits soucis
Sur mon piédestal
J'm'en moque des besoins primaires
Pourtant j'ai mal
Parfois j'me dis « t'exagères »

Députés avant et maintenant

Les députés d'avant
On savait à quoi ils servaient
Leurs bons électeurs pouvaient foncer
Vive les excès de vitesse
Vive les conduites en état d'ivresse

Députés rimaient avec illégalité
Depuis la rime s'est asséchée
Députés bien payés à glander
Députés bien payés à papoter
Députés votent comme des moutons
Comme demande le grand patron
Et nous coûtent des millions

Les députés d'avant
On savait à quoi ils servaient
Quand sévissait l'service militaire
Qu'les fistons voulaient pas faire
Ils tendaient l'bras jusqu'au ministère

Députés rimaient avec illégalité
Depuis la rime s'est asséchée
Députés bien payés à glander
Députés bien payés à papoter
Députés votent comme des moutons
Comme demande le grand patron
Et nous coûtent des millions

Les députés d'avant
On savait à quoi ils servaient
Ils avaient leur petite clientèle
Vendaient pas qu'des bagatelles
Permis d'construire paradis fiscal

Députés rimaient avec illégalité
Depuis la rime s'est asséchée
Députés bien payés à glander
Députés bien payés à papoter
Députés votent comme des moutons
Comme demande le grand patron
Et nous coûtent des millions

Lhassa et le blabla

Partout où tombent des bombes
Des corps se bombent
L'aide humanitaire
Veut sauver la terre

Partout les droits de l'homme
Sinon ultimatum
Partout mais pas là-bas
Mais pas Lhassa
Une affaire qu'on classa
Du bla-bla

Les ministères minimisent
Ceux qui parlementent
Des parlementaires
Des paroles en l'air

L'occident courbe l'échine
On se dit très clean
Mais on s'incline
Faut bien faire tchin-tchin

Partout les droits de l'homme
Sinon ultimatum
Partout mais pas là-bas
Mais pas Lhassa
Une affaire qu'on classa
Du bla-bla

Misère à la place du mystère
Endoctrinement
Des petits enfants
Parfois doucement
Par convois les nouveaux peuplants
La majorité
Change de camps
Et d'identité

Partout les droits de l'homme
Sinon ultimatum
Partout mais pas là-bas
Mais pas Lhassa
Une affaire qu'on classa / Du bla-bla

Il se prénomait Adolphe,
était l'ami de René Bousquet...

On les a crus

On les a crus nos élus
On les a crus les scientifiques
D'la République
On a même cru nos chers médias
Professionnels du débat

Devine devine
Qui fut roulé dans la farine
Devine devine
Qui profite des rapines
Démocraties qu'on assassine

On les a crues les promesses
On était du peuple qu'on caresse
Lors des grandes messes
Ils instauraient des commissions
Gouvernements de mission

Devine devine
Qui fut roulé dans la farine
Devine devine
Qui profite des rapines
Démocraties qu'on assassine

On les a crus les blablas
Les « c'est juré plus jamais ça »
Comme on aimait ça
On était sous des banderoles
Mais c'n'était qu'un mauvais rôle

Devine devine
Qui fut roulé dans la farine
Devine devine
Qui profite des rapines
Démocraties qu'on assassine

Les ondes nous inondent

C'est un si grand gros marché
Que tous les marchands
Veulent absolument retour sur investissement

Et l'état frigorifié
N'ose légiférer
N'ose appliquer le principe de sécurité

Tout c'qui nuit
Grav'ment
À la santé
N'est pas forcément
Ecrit
Sur le paquet

Ça détruit
Le cœur
Et les oreilles
T'as des insomnies
Ça tape
Sur le cerveau

Les ondes nous inondent
Sonnent sonnent les téléphones mobiles
Font feu pas que sur les villes

Un jour ce s'ront les procès
Tu lis en tout p'tit
Utilisation abusive déconseillée

L'important s'ra d'les gagner
Puisque notre santé
Ça ne se voit pas dans leur compte de résultats

Tout c'qui nuit
Grav'ment
À la santé
N'est pas forcément
Ecrit
Sur le paquet

Leucémies
Mémoires
Avec trous noirs
Troubles neurologiques
Logique
Rime avec fric

Les ondes nous inondent
Sonnent sonnent les téléphones mobiles
Font feu pas que sur les villes

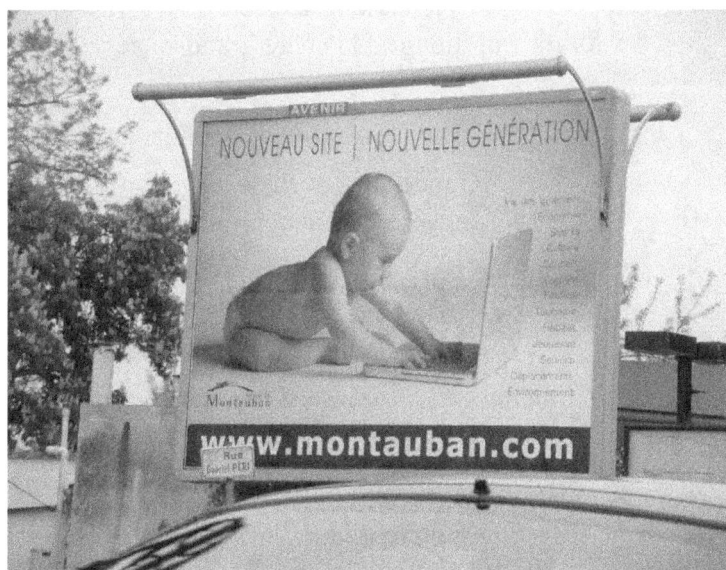

Pablo Picasso

Je cherchais un nom
Qui sonne sympa
En haut d'une affiche
Et au fronton de l'Olympia

Faut qu'il se retienne
Sans faire réclame
Faut qu'il vous aguiche
Mette en haleine Et vous enflamme

Le nom de scène
Ce sésame
Où l'on veut voir l'âme
Comme la graine dans le pollen

J'ai donc essayé
Les dictionnaires
Les jeux, le haschisch
Même questionné Ma chère grand-mère

J'me décourageais
Quand une grand' dame
Qui de ça s'en fiche
M'a suggéré Une anagramme

Le nom de scène
Ce sésame
Où l'on veut voir l'âme
Comme la graine dans le pollen

De belles demoiselles
Celles d'Avignon
Une reproduction
Resplendissait Dans son salon

Un coup de pinceau

Me traversait
Pablo Picasso
Son anagramme Soudain fusait

Le nom de scène
Ce sésame
Où l'on veut voir l'âme
Comme la graine dans le pollen

C'était déjà fait
Quel manque de pot !
Adieu anagramme
Adieu sésame Du grand Pablo

Le nom de scène
Ce sésame
Où l'on veut voir l'âme
Comme la graine dans le pollen

Une fille chez moi

Elle dit que je vis dans une porcherie
Juste pour quelques toiles d'araignées
Elle dit taudis
Elle dit que c'est pas une maison mais un grenier

Elle dit que je vis dans une porcherie
Pour quelques pots de peinture
Je sais pardi
Qu'il faudra bien c'est sûr ajouter sur les murs
J'crois bien qu'aujourd'hui
Une fille qui dit
Je t'aime pour la vie
C'est une vie dans le confort
Elle aime fort
Fort son confort

Elle dit que je vis dans une porcherie
Pour quelques pots de confiture
Sous l'établi
Ça ne fait même pas d'odeur les moisissures

Elle dit que je vis dans une porcherie
Juste pour quelques traces de vomi
Juste sur les murs
Ce n'est pourtant je le jure que des éclaboussures
J'crois bien qu'aujourd'hui
Une fille qui dit
Je t'aime pour la vie
C'est une vie dans le confort
Elle aime fort
Fort son confort

118

On nous endort

On nous endort
Avec des chansonnettes
Avec du sensationnel
Et surtout de l'événementiel
On nous endort
Avec le tour de France
Avec des jeux olympiques
Des as de cœur des as de pique

Eveillés,
Serions-nous dangereux ?
Eveillés
Ils fonctionneraient nos yeux
Et on comprendrait
Leur petit jeu

On nous endort
Avec des polémiques
Avec des coupes du monde
Avec des brunes avec des blondes
On nous endort
Avec du pathétique
Des « kiss me » et des « love »
Des chevelus et des chauves

Eveillés,
Serions-nous dangereux ?
Eveillés
Ils fonctionneraient nos yeux
Et on comprendrait
Leur petit jeu

On nous endort
Avec des faux débats
Avec la rentrée sociale

Scandales à la une du journal
On nous endort
Avec la croissance
La stabilité des prix
Sarkozy les taux du crédit

Eveillés,
Serions-nous dangereux ?
Eveillés
Ils fonctionneraient nos yeux
Et on comprendrait
Leur petit jeu

Le seuil de tranquillité

J'ai vécu
Sous le seuil de pauvreté
Puis j'ai connu
Des jours de tranquillité
Là j'ai vu
Comment vivaient
Ceux qui gagnaient toujours plus

Au seuil de tranquillité
Faut savoir s'arrêter
Savoir s'y maintenir
Sérénité à distance des grands désirs ;
Au dessus
Du seuil de tranquillité
Plus tu gagnes plus tu veux gagner ;
Au seuil de tranquillité
Faut savoir s'arrêter

Consommer
Pas plus que de nécessaire
Les déchirer
Leurs slogans publicitaires
Protéger
Not' coin de terre
Viv' dans la réalité

Travailler
Pour gagner ce qu'il faut
Et s'arrêter
Discerner le vrai du faux
Refuser
Métro boulot
Primes de rentabilités

Au seuil de tranquillité
Faut savoir s'arrêter
Savoir s'y maintenir
Sérénité à distance des grands désirs ;
Au dessus
Du seuil de tranquillité
Plus tu gagnes plus tu veux gagner ;
Au seuil de tranquillité
Faut savoir s'arrêter

Savoir dire
J'ai ce qu'il me faut tu sais
Savoir sourire
Quand on veut t'impressionner
Et dormir
Sans les p'tits cachets
De ceux qui doivent réussir

J'ai vécu
Sous le seuil de pauvreté
Puis j'ai connu
Des jours de tranquillité
Là j'ai vu
Comment vivaient
Ceux qui gagnaient toujours plus

Au seuil de tranquillité
Faut savoir s'arrêter
Savoir s'y maintenir
Sérénité à distance des grands désirs ;
Au dessus
Du seuil de tranquillité
Plus tu gagnes plus tu veux gagner ;
Au seuil de tranquillité
Faut savoir s'arrêter

Aimez-vous sans préservatif

Aimez-vous sans préservatif
Mais uniquement
Après une prise de sang
Attendez le résultat, en vous regardant
En vous caressant

Sans préservatif
L'Amour est impératif
Si c'est pour le sport
Si c'est pour les corps
Alors du latex encore et encore

Quelques jours en apéritif
On a tout le temps
Quand on s'aime vraiment
Parlez-en sereinement, en vous découvrant
En vous appréciant

Sans préservatif
L'Amour est impératif
Si c'est pour le sport
Si c'est pour les corps
Alors du latex encore et encore

Aimez-vous sans préservatif
C'est plus enivrant
De se donner vraiment
On se montre patte blanche, séronégatif
C'est impératif

Sans préservatif
L'Amour est impératif
Si c'est pour le sport
Si c'est pour les corps
Alors du latex encore et encore

Dépenser moins pour travailler moins

Dépenser moins
Pour travailler moins
Même si mon astuce
Ne plaît pas aux gugusses

Dépenser moins
Pour vivre un peu plus
Sortir du train-train
R'trouver la joie du bus

Faut d'la croissance
Disent les prospectus
Je cherche du sens
Un peu comme Confucius

Dépenser moins
Pour travailler moins
Même si mon astuce
Ne plaît pas aux gugusses

Je l'ai connue 20 ans plus tard

Je l'ai connue
20 ans plus tard
Elle a voulu
Sortir de son cafard
Elle n'a même pas pu
Me dire *je t'Aime*
Elle est restée
Dans ses problèmes

Elle avait 7 ans
Elle a cru qu'c'était un jeu
Comme il voulait elle a fermé les yeux
Il lui a dit je t'aime
Il l'a déshabillée
Elle a eu mal
Mais elle a pas crié

Elle n'a rien dit
Elle avait peur
Elle a grandi
En refermant son cœur
Elle dit qu'dans sa vie
Toujours il neige
Elle est tombée
Dans des pièges

Elle avait 7 ans
Elle a cru qu'c'était un jeu
Comme il voulait elle a fermé les yeux
Il lui a dit je t'aime
Il l'a déshabillée
Elle a eu mal
Mais elle a pas crié

Je l'ai connue
20 ans plus tard
Elle n'a pas pu
Jouir sans cauchemar
Et je n'ai pas su
Guérir ses scènes
Elle m'a jeté
Pourtant elle m'Aime

Elle avait 7 ans
Elle a cru qu'c'était un jeu
Comme il voulait elle a fermé les yeux
Il lui a dit je t'aime
Il l'a déshabillée
Elle a eu mal
Mais elle a pas crié

Une fille qui passait

C'est juste une fille qui passait
Et qui m'a regardé
Mais depuis
Mais depuis
Mes nuits
Sont peuplées d'elle
Sont sans sommeil
Mais depuis
Mais depuis
Mes nuits
Sont peuplées d'elle
Sont sans sommeil

C'est juste une fille qui passait
M'a-t-elle bien regardé ?
Mais depuis
Mais depuis
Mes nuits
Sont peuplées d'elle
Sont sans sommeil
Mais depuis
Mais depuis
Mes nuits
Sont peuplées d'elle
Sont sans sommeil

Des filles il en est passées
Il s'en est arrêtées
Mais les nuits
Toutes les nuits
Les nuits
Je ne vois qu'elle
Je ne vois qu'elle

Mais depuis
Mais depuis
Mes nuits
Sont peuplées d'elle
Sont sans sommeil

Femme de Prayssac

Je t'aime pour la vie ?

Si on prenait l'temps d'y réfléchir
On verrait bien que c'est pour rire
Pourtant on va le dire
Susurrer sans même mentir
Sous le feu de l'action
Quand tout n'est plus qu'émotions
Les mots vont jaillir
Ils seront aussi du plaisir

Je t'aime pour la vie
Je t'aime pour la vie
C'est c'qu'on dit
Je t'aime pour la vie
Je t'aime pour la vie

Quelques jours mois ou années plus tard
On pourra plus s'voir même en r'tard
Mais faudra surtout pas
Les regretter ces mots-là
Même si l'autre t'accuse
D'avoir parlé avec ruse
Même quand on t'accuse
Faut jamais détruire ce qui s'use

Je t'aime pour la vie
Je t'aime pour la vie
C'est c'qu'on dit
Je t'aime pour la vie
Je t'aime pour la vie

Si on prenait l'temps d'y réfléchir
On verrait bien que c'est pour rire
Pourtant on va le dire
Susurrer sans même mentir
Même si l'autre t'accuse
D'avoir parlé avec ruse

Même quand on t'accuse
Faut jamais détruire ce qui s'use

Je t'aime pour la vie
Je t'aime pour la vie
C'est c'qu'on dit
Je t'aime pour la vie
Je t'aime pour la vie

Adèle et Marie Borie, Cahors

Mac électronique

Des millions d'inscrits
Ils font tout pour que t'en sois aussi
Inscris-toi c'est gratuit
Et les plus belles nanas
Les plus beaux gars
Seront sur ton écran
Comme c'est... tentant
Seront qu'à quelques clics
Comme c'est magique
Mais pour les contacter
Faut sortir ton fric
Faut le payer
Le mac électronique

Mac électronique
Quel beau métier !
Technique bien rodée
Avec la carte bancaire
Plus d'billets à froisser
Aucune main sale à toucher
Le mac électronique
N'en veut qu'au fric
Après c'est plus ses affaires

Mac électronique
Dans les médias n'ont qu'des bonnes critiques
Z'ont la formule tragique
Achètent des pages de pub
Et nous entubent
Faut vivre avec son temps
Comme c'est... charmant
Y'a forcément quelqu'un
Qui te convient
Dans ta ville ou pas loin

131

Ça mérite bien
Quelques euros
Pour envoyer un mot…

Mac électronique
Quel beau métier !
Technique bien rodée
Avec la carte bancaire
Plus d'billets à froisser
Aucune main sale à toucher
Le mac électronique
N'en veut qu'au fric
Après c'est plus ses affaires

Choisis tes critères
Et comme du bétail en un éclair
Des photos belles tu l'espères
Seront là devant toi
Déjà à toi
Pourquoi pas phantasmer
Copier coller
C'est l'début d'l'aventure
Le disque dur
Pour la réalité
C'est pas toujours sûr
Faudra payer
Le mac électronique

Mac électronique
Quel beau métier !
Technique bien rodée
Avec la carte bancaire
Plus d'billets à froisser
Aucune main sale à toucher
Le mac électronique
N'en veut qu'au fric
Après c'est plus ses affaires

Millions d'connectés
Si demain plus un se laisse plumer
Les macs seront ruinés
Même pour les webs poisons
Anti poison
L'annuaire des pseudos
Tout est… cadeau
Il suffit de s'inscrire
On peut s'écrire
Pas d'pub à la télé
Bon plan à se dire
Ce s'rait pas net
D'payer ces proxénètes

Mac électronique
Quel beau métier !
Technique bien rodée
Avec la carte bancaire
Plus d'billets à froisser
Aucune main sale à toucher
Le mac électronique
N'en veut qu'au fric
Après c'est plus ses affaires

Si je parle de toi un jour

Y'aura toujours
Des vibrations suspectes
Si je parle de toi un jour
Sache comme je te respecte
Sache au moins
Que du chagrin
Il n'en vient
Que du... toujours un peu plus humain
Toujours un peu plus humain
Un peu plus martien

T'as pas voulu entrer dans cette histoire
J'avais tant rêvé devant mon miroir
T'as pas pu, pas voulu, y croire
T'as fini par dire "au revoir"

Y'aura toujours
Des vibrations suspectes
Si je parle de toi un jour
Sache comme je te respecte
Sache au moins
Que du chagrin
Il n'en vient
Que du... toujours un peu plus humain
Toujours un peu plus humain
Un peu plus martien

Souvent je te cherche des tonnes de raisons
Parfois je m'étonne de ta décision
Je joue parfois d'la dérision
Je vais jusqu'à m' traiter de con

Y'aura toujours
Des vibrations suspectes
Si je parle de toi un jour
Sache comme je te respecte

134

Sache au moins
Que du chagrin
Il n'en vient
Que du... toujours un peu plus humain
Toujours un peu plus humain
Un peu plus martien

Petite Sylvie

Tu criais « ça pue la clope »
Et tu claquais les portes
Tu criais « que le cancer vous emporte »
T'as jusqu'à simulé une syncope
Maintenant tu fumes avec eux

T'as grandis
T'as grandis
Petite Sylvie
T'as grandis
Pas dans le sens de Gandhi

En rentrant de l'école
Tu criais « bande de poivrots »
Maintenant avec eux tu picoles
T'as dans la bouche les mêmes mots
Dans le regard les mêmes grumeaux

T'as grandis
T'as grandis
Petite Sylvie
T'as grandis
Pas dans le sens de Gandhi

Tu t'blottissais contre moi
Et on s'disait « croix de bois »
Qu'on f'rait taire leurs maudites statistiques
Même qu'on partirait aux Amériques
Et tu ne me regardes même plus

T'as grandis
T'as grandis
Petite Sylvie
T'as grandis
Pas dans le sens de Gandhi

Un junkie de l'Amour

Je n'suis qu'un junkie de l'Amour
J'vois plus passer les jours
Pas de méthadone
Quand l'Amour t'abandonne
La lumière on l'a vue
T'en est revenue
Ça peut durer cent-vingt-cinq saisons
Une cure de désintoxication

Je n'suis qu'un junkie de l'Amour
Qui rime encore toujours
Pauvre type en manque
Qui se pique à l'encre
Renifle ton caraco
Carbure au Porto
Comment veux-tu qu'ça aille, Lorelei ?
Depuis qu'tu vois dans mes yeux la paille

Je n'suis qu'un junkie de l'Amour (ter)

J'ai mes visions tas de délires
Je fixe nos souvenirs
Ma Lescaut câline
J'ai l'accès céleste
Toi t'aimes ta p'tite névrose
Tu veux une pause
C'est plus facile d'être l'égérie
Que de gérer vraiment sa vie

Je n'suis qu'un junkie de l'Amour
J'vois plus passer les jours
Pas de méthadone
Quand l'Amour t'abandonne
La lumière on l'a vue
T'en est revenue

Comment veux-tu qu'ç'a aille, Lorelei ?
Depuis qu'tu vois dans mes yeux la paille
Je n'suis qu'un junkie de l'Amour
Je n'suis qu'un junkie de l'Amour
Je n'suis qu'un junkie de l'Amour

Détail oeuvre de Dagrant à Concots

Quand on a fini d'aimer

Quand on a fini d'aimer
Quand on sait que l'amour
Se conjugue au passé
On regarde passer les jours

Quand on a fini d'aimer
On cherche la solution
Pour au moins pas pleurer
Pour éviter les questions

Quand on a fini d'aimer
Non on ne peut maudire
On n'peut que regretter
Et aimer ses souvenirs

Quand on a fini d'aimer
On nous croit misogyne
Ou un peu névrosé
Ou bien pire que Marylin

Quand on a fini d'aimer
On n'est plus de ce monde
On a b'soin de planer
Qu'une ombre nous réponde

Quand on a fini d'aimer
Qu'on soit consommateur
Ou qu'on reste enfermé
On tremble quand passe le facteur

Quand on a fini d'aimer...
quand c'est fini d'aimer...
quand c'est fini d'aimer
parfois y'a plus qu'à chanter

139

Générations chansons à la con

Avec gnangnan et gnangnon
On croyait avoir touché le fond
Des chansons à la con
Mais v'la sous-gnangnan et sous-gnangnon

Des chansons à la con
Pour chaque génération
Chansons médiatisées
Pour crétiniser
Cramer c'qui reste de cerveau disponible
Au troupeau cœur de cible
Générations
Chansons à la con

Vingt mots font une chanson
De toute façon ce n'est qu'un bruit de fond
Une déferlante de sons
Lancés comme un savoureux savon

Des chansons à la con
Pour chaque génération
Chansons médiatisées
Pour crétiniser
Cramer c'qui reste de cerveau disponible
Au troupeau cœur de cible
Générations
Chansons à la con

Avec gnangnan et gnangnon
On croyait avoir touché le fonds
Des chansons à la con
Mais v'la sous-gnangnan et sous-gnangnon

Des chansons à la con
Pour chaque génération
Chansons médiatisées

Pour crétiniser
Cramer c'qui reste de cerveau disponible
Au troupeau cœur de cible
Générations
Chansons à la con

Vingt mots font une chanson
De toute façon ce n'est qu'un bruit de fond
Une déferlante de sons
Lancés comme un savoureux savon

Des chansons à la con
Pour chaque génération
Chansons médiatisées
Pour crétiniser
Cramer c'qui reste de cerveau disponible
Au troupeau cœur de cible
Générations
Chansons à la con

C'est écrit

Parce qu'il est écrit dans un bouquin
Qu'entre ton signe et le mien
Ça peut durer maxi trois fois rien

Tu dis « Soyons bons copains »
Tu dis « tu vois bien ça sert à rien
On va s'faire chagrins
Restons bons copains »

T'en as envie mais comme c'est écrit
Non tu n'pourras pas t'y faire
À mes manières mon caractère

Il est même écrit, point sur les i
Que j'deviendrais tortionnaire
T'aurais sur terre le vrai enfer

Tu dis « Soyons bons copains »
Tu dis « tu vois bien ça sert à rien
On va s'faire chagrins
Restons bons copains »

Mais oui on est bien trop différents
Il a raison l'charlatan
On devrait l'nommer Président

Va demander sa date de naissance
Au crétin qui se balance
C'est peut-être bien ton jour de chance

Tu dis « Soyons bons copains »
Tu dis « tu vois bien ça sert à rien
On va s'faire chagrins
Restons bons copains »

Je t'Aime

Comment te dire "je t'Aime"
Pour que tu comprennes
Que ce n'est pas de la haine

Comment te dire "je t'Aime"
Quand tous les problèmes
Tu crois que c'est moi qui les sème

Comment te dire "je t'Aime"
Quand depuis des semaines
Dans le désespoir je traîne

Chaque soir j'implore Verlaine
Est-ce qu'un grand poème
Mettra fin à cette quarantaine

Comment te dire "je t'Aime"
Pour qu'tu sois certaine
Que ces mots ne sont pas obscènes

Je t'Aime

Te revoir

J'ai eu envie de te revoir
Des tas de fois, pas que des soirs
Je n'osais pas, le premier pas

Et samedi dans cette gare
C'est par hasard que nos regards
Se sont reconnus, se sont mis à nu

Et samedi dans cette gare
Nous avions chacun notre histoire
Un grand bonheur, entre les douleurs

J'ai eu envie de te revoir
Des tas de fois, pas que des soirs
Je n'osais pas, le premier pas

Quand en retard arriva le train
On s'est présenté les gamins
On s'est dit, "ils ont le même teint"

Je me suis dit, "est-il trop tard ?"
Il était temps, de se dire bonsoir
Va-t'on compter sur le hasard ?

J'ai eu envie de te revoir
Des tas de fois, pas que des soirs
Je n'osais pas, le premier pas

Tes yeux luisaient des mêmes pensées
Ni toi ni moi n'avons cédé
Encore une fois on fut très fiers

Encore une fois on fut trop fiers
Mais comment l'aider le hasard ?
Attendre les vacances scolaires ?

Oui j'ai envie de la revoir
Des tas de fois, pas que des soirs
Je n'ose pas, le premier pas

144

Artisans et tarifs décents

Trouver un artisan dont l'tarif soit décent
On a bien cru enfin pouvoir en trouver un
Mais nos artisans n'ont pas eu besoin
De défiler en BMW
Pour obtenir le soutien des politiciens
Et même des soutiens chez les matraqués

Artisans
Sans concurrent
Artisans
Facilement
Peuvent nous plumer
Nous surfacturer

Trouver un artisan dont l'tarif soit décent
Peut-on faire autrement qu'le payer en liquide
En le remerciant le gros cupide
Ne pas le fâcher sur son train de vie
Sa belle maison ses chevaux ses bolides
Bien sûr il maudit les impôts d'ici

Artisans
Sans concurrent
Artisans
Facilement
Peuvent nous plumer
Nous surfacturer

Trouver un artisan dont l'tarif soit décent
Un plombier polonais un maçon portugais
Un couvreur roumain on en a rêvé
Le carreleur hongrois on n'y a pas droit
Serruriers estoniens vous seriez demandés
Mais au nom de l'emploi nos artisans sont rois

Artisans
Sans concurrent
Artisans
Facilement
Peuvent nous plumer
Nous surfacturer

Figeac
Vitrail de Joseph Villiet

Je Te Le Dirai Un Jour

Je t'aime, je te le dirai un jour
En attendant
Chacun sa petite vie
Avec les p'tits soucis
Tout le reste et le pain quotidien
Auxquels on pense chaque matin

Je t'aime, je te le dirai un jour
Mais vient toujours
Au moins un importun
Quand j'vais prendre ta main
Notre Amitié serait-elle suspectée
Dans ton quartier et dans le mien ?

Je t'aime, je te le dirai un jour
J'me le promets
Depuis combien d'années !
Est-ce mon besoin de rêver ?
De croire connaître quelqu'un
Avec qui enfin je serai bien ?

Je t'aime, je te le dirai un jour
Mais je suis qui
Pour toi qui toujours dis
Mon cher meilleur ami ?
Le parrain de ton premier gamin
Pas celui sur qui tu poses tes seins

Sous les draps

Quand tu seras sous les draps
Que tu l'étreindras
Si tu penses à moi
Dis-toi qu'c'est pas là
Ton avenir

Quand tu seras sous ses draps
Que tu souffriras
De savoir que toi et moi
C'était mieux que ça
T'as qu'à... dormir !

Quand tu le regarderas
Et te demanderas
Ce que tu fais là
T'auras que le choix
Tricher / Partir

Et quand tu me reviendras
Que t'ouvriras tes bras
J'te demanderai pourquoi
Ce que t'attends de moi
Est-ce l'avenir ?

Quand tu seras sous nos draps
Ce sera comme autrefois
Ou ça durera pas
Et c'est moi cette fois
Non... Ça ira !

L'Amour Parfait

Phrase d'introduction :

L'Amour qu'on rêve, et c'qu'on vit
(cela) Nous donne envie, d'Amour parfait

J'rêvais d'Amour parfait
Quand je l'ai rencontrée
L'Amour on l'a pas fait
Dans le premier Motel

On a parlé d'Amour
Parfait qui serait fait
Après des jours soleil
Des soirées aux chandelles

Le lendemain pas tôt
On s'est revu au thé
On a bien papoté
Pas pour concubinage

J'rêvais d'Amour parfait
Quand je l'ai rencontrée
L'Amour on l'a pas fait
Dès qu'on fut enfin nu

Et puis on s'est quitté
Sans calamités
Un banal désaccord
Naufrage du langage

On se croise encore
On parle d'Amour Parfait
Et c'est notre secret
L'Amour qu'on n'a pas fait

J'rêvais d'Amour parfait
Quand je l'ai rencontré
L'Amour on l'a pas fait
J'en suis parfois frustrée

Je rêve d'Amour parfait
D'Amour qui sera fait
Je rêve d'Amour parfait
Eh oui, Parfai... tement

Ah ! Cet Amour parfait
Est-ce celui que l'on fait
Ou celui qu'on attend
Quand on a dix-sept ans

Lavoir Aujols

150

Tous on y viendra

On rigole
On rigole
Mais tous on y viendra

Quand sous les draps
Des hommes gras
Se diront bah !
Se diront bah !

Quand sous les draps
La femme là
Nous dira va
Nous dira va

Tous on y viendra
Tous on y viendra
Au viagra
Au viagra

Le bouclier de dignité

Elle est vieille et elle nous l'annonce
Qu'elle va crever dans la joie
Elle est vieille et elle dénonce
Une dérive dans le n'importe quoi
Elle crache sur les nouveaux guides
De l'armée liberticide

On peut participer au grand show
Sans être dupes de démagos
Leurs flèches peuvent nous viser
Ils croient même nous toucher
Mais nous avons un bouclier
De dignité

Elle connaît notre République
Des officiels ont sous l'coude
Son bel hommage nécrologique
En ce Paris petit Hollywood
C'est avec émotion
Qu'ils réciteront baveront

On peut participer au grand show
Sans être dupes de démagos
Leurs flèches peuvent nous viser
Ils croient même nous toucher
Mais nous avons un bouclier
De dignité

Elle a choisi la provocation
Pour crever toujours vivante
On meurt si souvent d'soumission
Qu'on lui pardonne des rimes décevantes
On sait que vivre debout
C'est courir devant les loups

On peut participer au grand show
Sans être dupes de démagos

Leurs flèches peuvent nous viser
Ils croient même nous toucher
Mais nous avons un bouclier
De dignité

À Brigitte Fontaine
(si vous ne l'aviez pas reconnue)

Les jours
Sans amour
Au moins
Ne pas perdre son temps
Avec quelqu'un
De si différent
Qu'il déteint
Forcément

Les jours
Sans amour
Ecrire
De bonnes résolutions
Enfin détruire
Les pires illusions
Et franchir
Quelques ponts

Les jours
Sans amour
Vivre
Pour le mieux chaque instant
Avec les livres
Vaguer doucement
Vers les rives
Du bon temps

C'était de l'Amour

C'était l'ivresse de la tendresse
Les prouesses sous allégresse
La promesse d'une éternité
Sans banalité ni anxiété
Mais nous étions si jeunes

On voulait être et paraître
Le plus beau et la plus belle
Les vedettes des petites fêtes
Pas riches mais un peu intellectuels
Oui nous étions si jeunes

C'était de l'Amour
Même si ça n'a duré
Qu'un an et quelques jours

C'était y'a déjà bien longtemps
Y'a déjà bien des aventures
On avait pas peur du futur
Ça voulait rien dire la fuite du temps
Oui nous étions si jeunes

On voulait le montrer qu'on s'aimait
À ne plus trouver le temps de s'aimanter
On a eu le temps d'aimer ailleurs
On a eu le tort de chercher meilleur
Oui nous étions si jeunes

C'était de l'Amour
Même si ça n'a duré
Qu'un an et quelques jours

Où vont-elles ? Où vivent-elles ?

Toujours elles sont au volant d'une voiture
Ou à la fenêtre d'un train
Toujours elles vont à toute allure
Vers un autre destin
Pas moyen d'obtenir trois mots
Une adresse un numéro

Où vont-elles
Où vivent-elles
Les ombres qui nous émerveillent ?
Connaissez-vous une allée
Où elles se laissent aborder ?
Un site internet
Photo – boîte aux lettres

J'essaye les magasins
J'achète des légumes au marché
Je vais passer l'été à Balbec
L'hiver aux Pyrénées
Pas une fois je ne les revois
Y'a d'quoi perdre la foi

Où vont-elles
Où vivent-elles
Les ombres qui nous émerveillent ?
Connaissez-vous une allée
Où elles se laissent aborder ?
Un site internet
Photo – boîte aux lettres

Toujours elles sont au volant d'une voiture
Ou à la fenêtre d'un train
Toujours elles vont à toute allure
Vers un autre destin
Pas moyen d'obtenir trois mots
Une adresse un numéro

Où vont-elles
Où vivent-elles
Les ombres qui nous émerveillent ?
Connaissez-vous une allée
Où elles se laissent aborder ?
Un site internet
Photo – boîte aux lettres

Lavoir
Mas de Jarlan
(Vidaillac)

Les femmes ne se rencontrent plus au lavoir...

Et peut-être

Finir entouré
De pommiers de figuiers
Cueillir à point ses fruits
Vivre de ses produits
Et peut-être bien que quelqu'un
Viendra de temps en temps
Partager sa sérénité

Vivre de la nature
Vivre dans la vraie verdure
Ne plus revoir les murs
Des quartiers à blessures
Et peut-être bien que quelqu'un
Viendra de temps en temps
Partager sa sérénité

Finir entouré
De quelques concertos
Rien qu'une petite radio
Parfois pour les infos
Peut-être le prendras-tu le train
Un taxi jusqu'ici
Au moins jusqu'au lend'main matin

Finir lentement
Vieillards tonitruants
On cueillera nos fruits
Vivra de nos produits
On aura des chats un vieux chien
On nous dira cinglés
On répondra sérénité

Stéphane Ternoise… un peu plus d'informations

Né en 1968

http://www.ecrivain.pro essaye d'être complet, avec un "blog" (je préfère l'expression "une partie des chroniques"). Mais il ne peut naturellement pas copier coller l'ensemble des textes présentés ailleurs.

http://www.romancier.net

http://www.dramaturge.net

http://www.essayiste.net

http://www.essayiste.net

http://www.lotois.fr

Les noms de ces sites me semblent explicites…
Le graphisme reste rudimentaire. Tant de choses à faire…

http://www.salondulivre.net le prix littéraire a lancé sa treizième édition. Une réussite d'indépendance. Mais peu visible…

En juillet 2015, le catalogue de Stéphane Ternoise dépasse la barre naguère inimaginable de la centaine. Il est constitué de romans, pièces de théâtre, essais mais également de photos, qu'elles soient d'art (notion vague) ou documentaires (présentation de lieux, Cahors, Cajarc, Montcuq, Beauregard, Golfech…), publications pour lesquelles l'investissement en papier est impossible, sauf à recourir à l'impression à la demande. Il en est ainsi...

Comme un écrivain indépendant

Site officiel : http://www.ecrivain.pro

Lavoir Dalou (Sérignac)

Cent chansons sans chanteur de **Stéphane Ternoise**

Dépôt légal à la publication au format ebook du 3 octobre 2015.

Imprimé par CreateSpace, An Amazon.com Company pour le compte de l'auteur-éditeur indépendant.
http://www.livrepapier.com
ISBN 978-2-36541-698-6
EAN 9782365416986

© **Jean-Luc PETIT - BP 17 - 46800 Montcuq - France**